USBORNE
French
Dictionary
for Beginners

Helen Davies and Françoise Holmes
Illustrated by John Shackell
Designed by Brian Robertson
Edited by Nicole Irving

Cover illustration by Margaret Chamberlain
Additional designs by Kim Blundell, Stephen Wright and Sarah Cronin
Editorial help from Anita Ganeri and Katie Daynes

Contents

About nouns

French nouns are either masculine or feminine (this is called their gender). "The" is **le** when the word is masculine and **la** when it is feminine. When a noun begins with a vowel, **le** or **la** is shortened to **l'**. In this book, the gender of each noun is shown in the word box using the abbreviations **(f)** for feminine and **(m)** for masculine.

Look out too for these abbreviations: **(s)** singular and **(pl)** plural. In the plural, the word for "the" is **les**, whatever the gender of the noun. In French, nouns that describe what people do or are (e.g. dancer) often have a masculine and a feminine form. Both forms are given in the alphabetical word list at the back of this book.

About adjectives

French adjectives change their ending depending on whether the noun they are describing is masculine or feminine. Usually you add an **e** to the masculine form to make the feminine, but some common adjectives form the feminine in different ways (see page 97). In the picture labels in this book, the adjectives match the nouns illustrated. Both **(m)** and **(f)** forms are given in the word boxes.

About verbs

Verbs in this book appear in the infinitive (e.g. "to hide" in English). Most French verbs have infinitives ending in **er**, **ir**, or **re**. You can find out how to use verbs on page 99 and there is a list of irregular verbs on page 102.

Usborne Quicklinks

This book has its own Usborne Quicklinks Website where you can listen to all the words and phrases read by a native French speaker.

To visit the Quicklinks Website for this book, go to **www.usborne-quicklinks.com** and enter the keywords "french dictionary for beginners".

Listening to the words

To hear the words and phrases in this book, you will need your web browser (e.g. Internet Explorer or Netscape Navigator) and a program such as RealPlayer® or Windows® Media Player. These programs are free and, if you don't already have one of them, you can download them from Usborne Quicklinks. Your computer also needs a sound card but most computers already have one.

Picture puzzles and useful websites

In Usborne Quicklinks you will also find French picture puzzles that you can print out for free, and links to lots of other useful websites where you can listen to French radio, brush up on your French grammar and find out more about the country and culture.

Disclaimer

The Usborne Quicklinks Website contains links to external websites that do not belong to Usborne Publishing. The links are regularly reviewed and updated, but Usborne Publishing is not responsible for the content on any website other than its own. We recommend that children are supervised while on the internet, that they do not use internet chat rooms, and that you use internet filtering software to block unsuitable material. Please ensure that children read and follow the safety guidelines displayed in Usborne Quicklinks. For more information, see the **Net Help** area on the Usborne Quicklinks Website.

Meeting People

Bonjour	Hello	**l'homme (m)**	man
Au revoir	Goodbye	**la femme**	woman
A tout à l'heure.	See you later.	**le bébé**	baby
serrer la main à	to shake hands with	**le garçon**	boy
		la fille	girl
faire la bise à	to kiss		

présenter	to introduce	**Comment allez-vous?**	How are you?
l'amie (f)	friend (f)	**Très bien, merci.**	Very well, thank you.
l'ami (m)	friend (m)		
recontrer	to meet		

* You can find the literal meaning of phrases and expressions in the Phrase explainer section on pages 106-9.

bavarder	to chat
Oui	Yes
Non	No
D'accord.	I agree.
dire	to say
éclater de rire	to burst out laughing

le nom	name
le prénom	first name
le nom de famille	surname
Comment t'appelles-tu?	What's your name?
Je m'appelle…	My name is…
Il s'appelle…	His name is…

l'âge (m)	age	**vieux (vieille)***	old
Quel âge as-tu?	How old are you?	**plus âgé(e) que**	older than
J'ai dix-neuf ans.	I'm nineteen	**plus jeune que**	younger than
jeune	young	**le même âge que**	the same age as

* **Vieux** is an irregular adjective: the masculine changes to **vieil** in front of an "h" or a vowel, and the feminine is **vieille**.

Families

la famille

le père

la mère

le grand-père

la tante

l'oncle

la grand-mère

le frère

la sœur

la cousine

le cousin

la famille	family	la grand-mère	grandmother
le père	father	la tante	aunt
la mère	mother	l'oncle (m)	uncle
le frère	brother	la cousine	cousin (f)
la sœur	sister	le cousin	cousin (m)
le grand-père	grandfather		

être parent de

le fils

le petit-fils

la fille

la petite-fille

le neveu

élever

aimer bien

la nièce

être parent(e) de	to be related to	la petite-fille	granddaughter
le fils	son	aimer bien	to be fond of
la fille	daughter	le neveu	nephew
élever	to bring up	la nièce	niece
le petit-fils	grandson		

6

la femme

le mari

les parents

aimer

la femme	wife
le mari	husband
les parents (m)	parents
aimer	to love
les enfants (s: l'enfant (m))	children
les jumeaux (s: le jumeau)	twin brothers
le fils unique	only son

les enfants

les jumeaux

le fils unique

la vie

l'enfance

le mariage

la naissance

naître

se marier

les noces

la mort

travailler

la vieillesse

mourir

l'enterrement

la vie	life	les noces (f)	wedding
la naissance	birth	travailler	to work
naître	to be born	la vieillesse	old age
l'enfance (f)	childhood	la mort	death
le mariage	marriage	mourir	to die
se marier	to get married	l'enterrement (m)	funeral

Appearance and personality

jolie

beau

fort

faible

maigre

mince

gros

joli(e)	pretty
beau (belle)	handsome
fort(e)	strong
faible	weak
maigre	thin
mince	slim
gros(se)	fat

avoir les cheveux blonds

être chauve

les cheveux bruns

les cheveux roux

les cheveux raides

les cheveux frisés

une frange

des nattes

avoir les cheveux blonds	to have blond hair	les cheveux frisés	curly hair
les cheveux bruns	brown hair	une frange	bangs
les cheveux roux	red hair	des nattes	braids
les cheveux raides	straight hair	être chauve	to be bald

poli

impoli

gentille

heureuse

idiot

malheureux

timide

sympathique

drôle

poli(e)	polite
impoli(e)	rude
gentil(le)	kind
idiot(e)	silly
timide	shy
sympathique	friendly
drôle	funny
heureux (heureuse)	cheerful
malheureux (malheureuse)	miserable

le teint

porter des lunettes

brun

blonde

froncer les sourcils

les taches de rousseur

sourire

porter la moustache

rire

porter la barbe

pleurer

le teint	complexion	**porter la barbe**	to have a beard
brun(e)	dark	**porter des lunettes**	to wear glasses
blond(e)	fair, blond	**froncer les sourcils**	to frown
les taches (f) de rousseur	freckles	**sourire**	to smile
porter la moustache	to have a moustache	**rire**	to laugh
		pleurer	to cry

9

Your body

la tête	head
les cheveux (m)	hair
la figure	face
la peau	skin
l'oeil (m)*	eye
la joue	cheek
le nez	nose
l'oreille (f)	ear
la bouche	mouth
la dent	tooth
la langue	tongue
la lèvre	lip
le cou	neck
le menton	chin

la tête

les cheveux

la figure

la peau

l'oeil

la joue

le nez

l'oreille

la bouche

la dent

la langue

la lèvre

le cou

le menton

le corps

l'épaule

la main

le doigt

le pouce

le poignet

la poitrine

le bras

le dos

le coude

l'estomac

la jambe

le genou

le doigt de pied

la cheville

le pied

le talon

le corps	body
l'épaule (f)	shoulder
la poitrine	chest
le bras	arm
le coude	elbow
la main	hand
le doigt	finger
le pouce	thumb
le poignet	wrist
le dos	back
l'estomac (m)	stomach
la jambe	leg
le genou	knee
le doigt de pied	toe
le pied	foot
la cheville	ankle
le talon	heel

* **L'oeil** has an irregular plural: **les yeux**.

être grand(e)	to be tall
être petit(e)	to be short
se peser	to weigh yourself
peser peu	to be light
peser lourd	to be heavy

être grand

être petit

se peser

peser peu

peser lourd

le côté gauche

le côté droit

le côté gauche	left side
le côté droit	right side

s'agenouiller

s'allonger

être allongé

marcher pieds nus

être à genoux

s'asseoir

se lever

être debout

marcher pieds nus	to walk barefoot
se lever	to stand up
être debout	to be standing
s'agenouiller	to kneel down
être à genoux	to be kneeling
s'allonger	to lie down
être allongé(e)	to be lying down
s'asseoir	to sit down
être assis(e)	to be sitting down

être assise

11

Houses and homes

l'immeuble

l'appartement

Je suis chez moi.

le deuxième étage

la porte d'entrée

la sonnette

sonner à la porte

la boîte aux lettres

le paillasson

le balcon

le concierge

emménager

le rez-de-chaussée

la maison

habiter une maison

la voisine

la propriétaire

déménager

le premier étage

le locataire

le sous-sol

l'immeuble (m)	block of apartments
l'appartement (m)	apartment
Je suis chez moi.	I'm at home.
le deuxième étage	second floor
la porte d'entrée	front door
la sonnette	doorbell
sonner à la porte	to ring the bell
la boîte aux lettres	letter box
le paillasson	doormat
le balcon	balcony
le premier étage	first floor
le concierge	caretaker (m)
emménager	to move in
le rez-de-chaussée	ground floor

la maison	house
habiter une maison	to live in a house
la voisine	neighbor (f)
la propriétaire	landlady
déménager	to move out
le locataire	tenant (m)
le sous-sol	basement

la fumée	smoke
le toit	roof
la cheminée	chimney
le grenier	attic
la fenêtre	window
le mur	wall
la porte	door
les toilettes (f)	toilet
la chambre	bedroom
la salle de bain	bathroom
la cuisine	kitchen
la salle à manger	dining room

la fumée

le toit

la cheminée

le grenier

la fenêtre

le mur

la porte

les toilettes

la chambre

en haut

la salle de bain

la cuisine

monter l'escalier

la salle à manger

descendre l'escalier

le garage

l'escalier

en bas

le salon

la cave

le garage	garage
en haut	upstairs
monter l'escalier	to go upstairs
descendre l'escalier	to go downstairs
l'escalier (m)	staircase, stairs
en bas	downstairs
le salon	living room
la cave	cellar

13

Dining room and living room

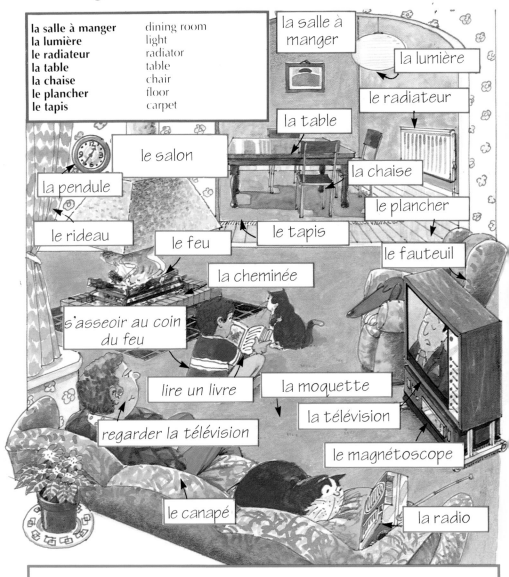

la salle à manger	dining room
la lumière	light
le radiateur	radiator
la table	table
la chaise	chair
le plancher	floor
le tapis	carpet

la salle à manger

la lumière

le radiateur

la table

la chaise

le plancher

le salon

la pendule

le rideau

le feu

le tapis

le fauteuil

la cheminée

s'asseoir au coin du feu

lire un livre

la moquette

la télévision

regarder la télévision

le magnétoscope

le canapé

la radio

le salon	living room	lire un livre	to read a book
la pendule	clock	regarder la télévision	to watch television
le rideau	curtain	le canapé	sofa
le feu	fire	la moquette	wall-to-wall carpet
la cheminée	fireplace	la télévision	television
le fauteuil	armchair	le magnétoscope	VCR (video cassette
s'asseoir au coin du feu	to sit by the fire		recorder)
		la radio	radio

In the kitchen

la cuisine

le placard

la cuisine	kitchen
le placard	cupboard
la machine à laver	washing machine
faire la lessive	to do the washing
le frigidaire	fridge

la machine à laver

le four

faire la lessive

faire la cuisine

le frigidaire

la casserole

repasser

le gaz

la poubelle

essuyer

la prise

l'électricité

le torchon

passer l'aspirateur

faire la vaisselle

propre

sale

l'évier

le four	oven	**passer l'aspirateur**	to vacuum
faire la cuisine	to cook	**faire la vaisselle**	to do the dishes
la casserole	saucepan	**sale**	dirty
le gaz	gas	**l'évier (m)**	sink
la poubelle	bin	**essuyer**	to dry, to wipe
repasser	to iron	**le torchon**	tea towel
la prise	plug	**propre**	clean
l'électricité (f)	electricity		

In the garden

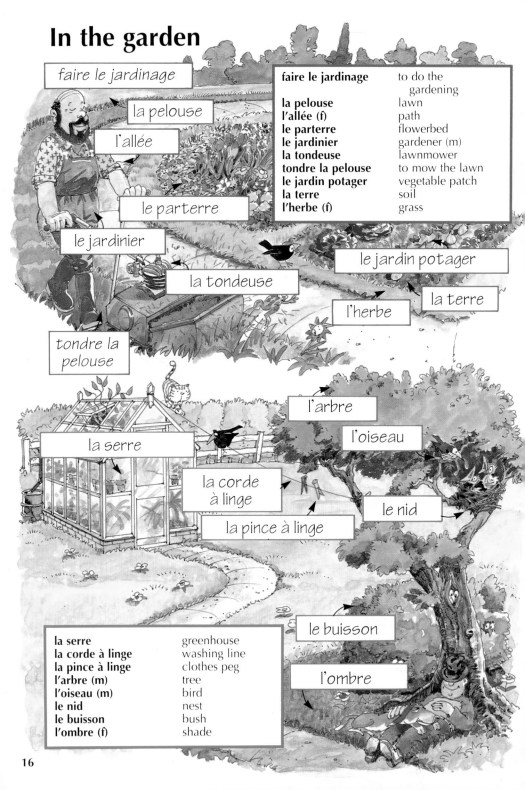

faire le jardinage

la pelouse

l'allée

le parterre

le jardinier

la tondeuse

tondre la pelouse

faire le jardinage	to do the gardening
la pelouse	lawn
l'allée (f)	path
le parterre	flowerbed
le jardinier	gardener (m)
la tondeuse	lawnmower
tondre la pelouse	to mow the lawn
le jardin potager	vegetable patch
la terre	soil
l'herbe (f)	grass

le jardin potager

la terre

l'herbe

l'arbre

l'oiseau

la serre

la corde à linge

le nid

la pince à linge

le buisson

l'ombre

la serre	greenhouse
la corde à linge	washing line
la pince à linge	clothes peg
l'arbre (m)	tree
l'oiseau (m)	bird
le nid	nest
le buisson	bush
l'ombre (f)	shade

16

l'abeille

le papillon

la rose

parfumée

belle

la guêpe

piquer

le chrysanthème

le géranium

la tulipe

la jonquille

le myosotis

les graines

la mauvaise herbe

planter

le bulbe

désherber

l'abeille (f)	bee	**la tulipe**	tulip
le papillon	butterfly	**le myosotis**	forget-me-not
la guêpe	wasp	**la jonquille**	daffodil
piquer	to sting	**les graines (f)**	seeds
la rose	rose	**planter**	to plant
parfumé(e)	sweet-smelling	**le bulbe**	bulb
beau (belle)	lovely, beautiful	**désherber**	to weed
le chrysanthème	chrysanthemum	**la mauvaise herbe**	weed
le géranium	geranium		

la bêche

l'appentis

la fourche

l'arrosoir

la brouette

la truelle

le râteau

l'appentis (m)	garden shed
la brouette	wheelbarrow
la truelle	trowel
le râteau	rake
la bêche	spade
la fourche	fork
l'arrosoir (m)	watering can

Pets

le chien	dog
la niche	kennel
le chiot	puppy
la fourrure	fur
la patte	paw
fou-fou	playful
aboyer	to bark
ATTENTION, CHIEN MECHANT	BEWARE OF THE DOG
courir après	to chase
aller chercher	to fetch
la queue	tail
remuer la queue	to wag its tail
gronder	to growl
promener le chien	to take the dog for a walk

le chien

la niche

le chiot

la fourrure

la patte

fou-fou

aboyer

ATTENTION, CHIEN MECHANT

courir après

gronder

aller chercher

la queue

remuer la queue

promener le chien

le chat	cat
le panier	basket
ronronner	to purr
le chaton	kitten
miauler	to mew
s'étirer	to stretch
la griffe	claw
doux (douce)	soft
mignon(ne)	sweet

le chat

le panier

ronronner

le chaton

miauler

s'étirer

la griffe

doux

mignon

18

la perruche	parrot	le lapin	rabbit
se percher	to perch	la tortue	turtle
l'aile (f)	wing	la cage	cage
le bec	beak	donner à manger	to feed
la plume	feather	le poisson rouge	goldfish
le hamster	hamster	la souris	mouse
le hérisson	hedgehog	le bocal	bowl
le cochon d'Inde	guinea pig		

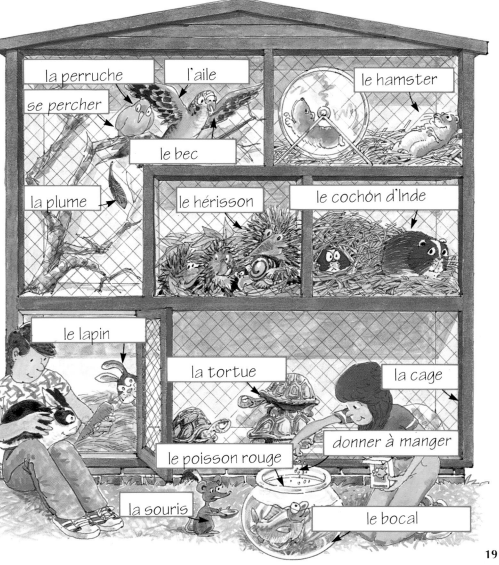

la perruche

l'aile

le hamster

se percher

le bec

la plume

le hérisson

le cochon d'Inde

le lapin

la tortue

la cage

donner à manger

le poisson rouge

la souris

le bocal

Getting up

se réveiller

Bonjour

se frotter les yeux

bâiller

le réveil

se réveiller	to wake up
Bonjour	Good-morning
se frotter les yeux	to rub your eyes
bâiller	to yawn
le réveil	alarm clock

se lever

tirer les rideaux

se lever	to get up
tirer les rideaux	to open the curtains
le peignoir	robe

le peignoir

la douche

prendre une douche

se laver les cheveux

le shampooing

la douche	shower
prendre une douche	to have a shower
se laver les cheveux	to wash your hair
le shampooing	shampoo
faire sa toilette	to wash, to have a wash
le savon	soap
le gant de toilette	washcloth
s'essuyer	to dry yourself
la serviette	towel
nu(e)	naked

s'essuyer

la serviette

faire sa toilette

le savon

le gant de toilette

nu

se raser	to shave
la glace	mirror
le rasoir électrique	electric shaver
le rasoir	razor
la crème à raser	shaving foam

se raser

la glace

le rasoir électrique

le rasoir

la crème à raser

l'eau chaude

l'eau froide

le robinet

le dentifrice

la brosse à dents

se brosser les dents

le robinet	tap
l'eau (f) chaude	hot water
l'eau froide	cold water
le dentifrice	toothpaste
la brosse à dents	toothbrush
se brosser les dents	to clean your teeth

se sécher les cheveux	to dry your hair
le séchoir à cheveux	hairdrier
la brosse	brush
le peigne	comb
se peigner les cheveux	to comb your hair
se brosser les cheveux	to brush your hair

se sécher les cheveux

le séchoir à cheveux

la brosse

le peigne

se maquiller

le mascara

se peigner les cheveux

se brosser les cheveux

le fond de teint

le rouge à lèvres

le parfum

se maquiller	to put on make-up
le mascara	mascara
le fond de teint	foundation cream
le rouge à lèvres	lipstick
le parfum	perfume

21

Clothes

les collants

le soutien-gorge

les collants (m)	tights
le soutien-gorge	bra
le slip	panties
le caleçon	underpants (men's)
les chaussettes (f)	socks
la chemise de corps	undershirt
le jupon	petticoat, slip
la culotte	underpants (boys')

le slip

les chaussettes

la chemise de corps

le caleçon

le jupon

la culotte

s'habiller

porter

la chemise

le tee-shirt en coton

le chemisier

la cravate

le gilet

le pullover en laine

la jupe

le pantalon

la robe

le jean

la salopette

s'habiller	to get dressed	**la cravate**	tie
le chemisier	blouse	**le pullover**	sweater
la jupe	skirt	**en laine**	woolen
la robe	dress	**le pantalon**	pants
porter	to wear	**le tee-shirt**	T-shirt
le gilet	cardigan	**en coton**	cotton, made of
le jean	jeans		cotton
la chemise	shirt	**la salopette**	dungarees

les bijoux (m)	jewelry
les boucles (f) d'oreille	earrings
la broche	brooch
le bracelet	bracelet
la montre	watch
la bague	ring
l'alliance (f)	wedding ring
le collier	necklace

les bijoux

les boucles d'oreille

le bracelet

la broche

la montre

la bague

l'alliance

le collier

le manteau

le chapeau

la casquette

l'imperméable

l'écharpe

la poche

les gants

le blouson

la ceinture

la fermeture éclair

le bouton

les chaussures

les bottes

les sandales

le manteau	coat	la casquette	cap
le chapeau	hat	l'imperméable (m)	raincoat
la poche	pocket	l'écharpe (f)	scarf
les gants (m)	gloves	le blouson	jacket
la ceinture	belt	la fermeture éclair	zipper
le bouton	button	les chaussures (f)	shoes
les bottes (f)	boots	les sandales (f)	sandals

23

Going to bed

l'heure (f) d'aller se coucher	bedtime
allumer	to switch the light on
avoir sommeil	to be sleepy
ranger ses affaires	to tidy up
se déshabiller	to get undressed

l'heure d'aller se coucher

allumer

avoir sommeil

ranger ses affaires

se déshabiller

faire couler un bain

le bain

prendre un bain

le bouchon

le peignoir de bain

éclabousser

le tapis de bain

la balance

faire couler un bain	to run a bath
prendre un bain	to have a bath
le bain	bathtub
le bouchon	plug
le peignoir de bain	bathrobe
éclabousser	to splash
le tapis de bain	bathmat
la balance	scales

aller au lit

le pyjama

la chemise de nuit

les pantoufles

aller au lit	to go to bed
le pyjama	pajamas
la chemise de nuit	nightgown
les pantoufles (f)	slippers

la berceuse

lire
une histoire

le lit d'enfant

s'endormir

la berceuse	lullaby
lire une histoire	to read a story
le lit d'enfant	crib
s'endormir	to fall asleep

Bonne nuit.

Dormez bien.

rêver

ronfler

dormir

l'oreiller

éteindre

la lampe
de chevet

le drap

la couette

le dessus-de-lit

la table
de chevet

le lit

Bonne nuit.	Good-night.		**la table de chevet**	bedside table
Dormez bien.	Sleep well.		**la couette**	quilt
rêver	to dream		**le lit**	bed
dormir	to sleep		**ronfler**	to snore
éteindre	to switch the light off		**l'oreiller (m)**	pillow
la lampe de chevet	bedside lamp		**le drap**	sheet
			le dessus-de-lit	bedspread

Eating and drinking

mettre le couvert	to lay the table
A table!	It's ready!
la cafetière	coffee-pot
la théière	teapot
la serviette de table	napkin
le verre	glass
le bol	bowl
l'assiette (f)	plate
la tasse	cup
la soucoupe	saucer
la nappe	tablecloth
le pot	pitcher
la cuillère	spoon
le couteau	knife
la fourchette	fork

mettre le couvert

A table!

la cafetière

la théière

la serviette de table

la cuillère

le couteau

le verre

la tasse

la soucoupe

l'assiette

le bol

le pot

la fourchette

la nappe

Servez-vous.

Bon appétit!

avoir faim

avoir soif

manger

boire

C'est très bon.

avoir bien mangé

Servez-vous.	Help yourself.
Bon appétit!	Enjoy your meal!
avoir soif	to be thirsty
boire	to drink
avoir faim	to be hungry
manger	to eat
C'est très bon.	It tastes good.
avoir bien mangé	to have eaten well

le petit déjeuner

le petit déjeuner	breakfast
le jus de fruit	fruit juice
le café	coffee
le thé	tea
le beurre	butter
le pain	bread

le jus de fruit

le beurre

le café

le pain

le thé

le dîner	supper
la salade	salad
le fromage	cheese
les fruits (m)	fruit
la bière	beer
l'eau (f) minérale	mineral water

le déjeuner

le potage

le dîner

la viande

la salade

le vin

le fromage

les légumes

la bière

les fruits

le dessert

l'eau minérale

le déjeuner	lunch
le potage	soup
la viande	meat
le vin	wine
les légumes (m)	vegetables
le dessert	dessert

27

Buying food

la viande

le pâté

le saucisson

le gigot d'agneau

la viande	meat
le pâté	pâté
le saucisson	French salami
le gigot d'agneau	leg of lamb
la côte de porc	pork chop
le poulet	chicken
le bifteck	steak
le jambon	ham
le veau	veal
la saucisse	sausage

le jambon

le veau

la côte de porc

le bifteck

la saucisse

le poulet

le petit pois

la salade

les légumes

la carotte

frais

cru

les épinards

la tomate

le chou

l'ail

le chou-fleur

le haricot vert

l'oignon

le chou de Bruxelles

a pomme de terre

les légumes (m)	vegetables	le chou-fleur	cauliflower
frais (f: fraîche)	fresh	le chou de Bruxelles	Brussels sprouts
le chou (pl: les choux)	cabbage	la salade	lettuce
l'ail (m)	garlic	cru(e)	raw
l'oignon (m)	onion	la tomate	tomato
le petit pois	pea	le haricot vert	green bean
la carotte	carrot	la pomme de terre	potato
les épinards (m)	spinach		

le poisson	fish
la sole	sole
les fruits de mer (m)	sea food
la truite	trout
le saumon	cod

le poisson

le saumon

la sole

la truite

les fruits de mer

les fruits

le melon

le raisin

le citron

la framboise

amer

la cerise

la fraise

l'abricot

sucrée

la banane

la prune

la pomme

la pêche

mûre

l'orange

la poire

les fruits (m)	fruit	amer (f: amère)	bitter, sharp
le raisin	grapes	le melon	melon
la framboise	raspberry	la cerise	cherry
la fraise	strawberry	l'abricot (m)	apricot
sucré(e)	sweet	la prune	plum
la banane	banana	la pomme	apple
la pêche	peach	la poire	pear
mûr(e)	ripe	l'orange (f)	orange
le citron	lemon		

Buying food

les pâtes (f)	pasta
les nouilles (f)	noodles
les haricots (m)	beans
la crème	cream
le lait	milk
la margarine	margarine
le yaourt	yogurt
le miel	honey
les oeufs (m)	eggs
la confiture	jam
le sucre	sugar
la farine	flour

les pâtes

les nouilles

les haricots

la crème

le lait

le yaourt

la margarine

le miel

les oeufs

le vinaigre

la confiture

l'huile

le sel

le sucre

le poivre

la farine

les épices

la moutarde

les produits congelés

les herbes aromatiques

la baguette

le riz

les conserves

le petit pain

l'huile (f)	oil
le vinaigre	vinegar
le sel	salt
le poivre	pepper
les épices (f)	spices
la moutarde	mustard
les produits (m) congelés	frozen food
la baguette	loaf
les herbes (f) aromatiques	herbs
le riz	rice
les conserves (f)	canned food
le petit pain	roll

le chocolat	chocolate
le biscuit	cookie
la tarte	tart
le beignet	doughnut
le gâteau	cake
la glace	ice-cream
la pâtisserie	pastry

le chocolat

le biscuit

la tarte

le beignet

la pâtisserie

le gâteau

la glace

faire la cuisine

la recette

goûter

le goût

les ingrédients

mélanger

Délicieux!

faire la cuisine	to cook
la recette	recipe
les ingrédients (m)	ingredients
mélanger	to mix
goûter	to taste
le goût	flavor, taste
Délicieux!	Delicious!

Pastimes

regarder la télévision	to watch television
la chaîne	channel
l'émission (f)	program
écouter la radio	to listen to the radio
les écouteurs (m)	headphones
taper du pied	to tap your feet

regarder la télévision

la chaîne

l'émission

écouter la radio

les écouteurs

taper du pied

écouter la musique

le magnétophone

le tourne-disque

la cassette

le disque

la musique pop

la musique classique

écouter la musique	to listen to music
le magnétophone	cassette recorder
la cassette	cassette
le tourne-disque	record player
le disque	record
la musique pop	pop music
la musique classique	classical music

lire

l'héroïne

le journal

le roman

le héros

le magazine

lire	to read
le roman	novel
l'héroïne (f)	heroine
le héros	hero
le journal	newspaper
le magazine	magazine
le journal illustré	comic
la poésie	poetry

la poésie

le journal illustré

tricoter

les aiguilles
à tricoter

le patron

tricoter	to knit
les aiguilles (f) à tricoter	knitting needles
le patron	pattern
la laine	yarn

la laine

coudre	to sew
le tissu	fabric
les ciseaux (m)	scissors
le fil	thread
l'épingle (f)	pin
l'aiguille (f)	needle
faire	to make

coudre

le tissu

le fil

faire

l'aiguille

les ciseaux

l'épingle

la menuiserie

bricoler

le marteau

adroite

réparer

le tournevis

la menuiserie	woodwork
bricoler	to do odd jobs
la scie	saw
fabriquer	to make, to manufacture
le marteau	hammer
adroit(e)	skillful, good with your hands
réparer	to mend
le tournevis	screwdriver

la scie

fabriquer

33

Pastimes

la photographie

prendre une photo

l'appareil photo

la photographie	photography
prendre une photo	to take a photograph
l'appareil (m) photo	camera
la caméra	video camera
la pellicule	film
la photo	photograph
au point	in focus
flou(e)	out of focus

la caméra

la photo

au point

floue

la pellicule

la galerie	art gallery	**peindre**	to paint	
l'artiste (m/f)	painter	**le pinceau**	brush	
le tableau	painting	**la peinture**	paint	
l'exposition (f)	exhibition			

la galerie

l'artiste

le tableau

peindre

l'exposition

le pinceau

la peinture

trier	to sort
coller	to stick
faire collection de timbres	to collect stamps
la collection	collection

faire collection de timbres

trier

coller

la collection

34

la musicienne	musician (f)	jouer du tambour	to play the drums
l'instrument (m)	instrument	jouer de la trompette	to play the trumpet
jouer du violon	to play the violin	jouer du violoncelle	to play the cello
jouer du piano	to play the piano	l'orchestre (m)	orchestra
jouer de la guitare	to play the guitar	le chef d'orchestre	conductor (m/f)

la musicienne

l'instrument

jouer du violon

jouer du piano

jouer de la guitare

jouer du tambour

jouer de la trompette

jouer du violoncelle

l'orchestre

le chef d'orchestre

chanter

l'air

chanter	to sing
l'air (m)	tune
le choeur	choir
chanter faux	to sing out of tune

chanter faux

les jeux

le choeur

jouer aux cartes

jouer aux dames

les jeux (m)	games
jouer aux cartes	to play cards
jouer aux dames	to play draughts
jouer aux échecs	to play chess
le jeu de société	board game

le jeu de société

jouer aux échecs

Going out

le cinéma	movies
aller au cinéma	to go to the movies
le film	film
la place	seat
l'ouvreuse (f)	usherette
le guichet	box-office

le cinéma

aller au cinéma

le film

l'ouvreuse

la place

le guichet

aller dans une boîte de nuit

le disc jockey

aller dans une boîte de nuit	to go to a discothèque
le disc jockey	disc jockey
danser	to dance
la piste de danse	dance floor

danser

la piste de danse

le théâtre

la pièce de théâtre

le décor

Bis!

l'actrice

le projecteur

l'acteur

la scène

les spectateurs

applaudir

aimer beaucoup

le théâtre	theatre
la pièce de théâtre	play
le décor	scenery
le projecteur	spotlight
l'actrice (f)	actress
l'acteur (m)	actor
la scène	stage
les spectateurs (m)	audience
applaudir	to clap
aimer beaucoup	to like, to enjoy
Bis!	Encore!

le ballet

l'opéra

célèbre

le chanteur

le costume

le danseur de ballet

le ballet	ballet	**l'opéra (f)**	opera
le danseur de ballet	ballet dancer (m)	**le chanteur**	singer (m)
célèbre	famous	**le costume**	costume

le restaurant

le garçon

Service non compris!

la carte

l'addition

Service compris?

Que désirez-vous?

commander

le pourboire

servir

le plateau

l'entrée

le plat principal

le dessert

le restaurant	restaurant	**le dessert**	dessert, pudding
le garçon	waiter	**l'addition (f)**	bill
la carte	menu	**Service compris?**	Is service
Que désirez-vous?	What would you like?		included?
		Service non compris!	Service not included!
commander	to order		
servir	to serve	**le pourboire**	tip
l'entrée (f)	starter	**le plateau**	tray
le plat principal	main course		

At the zoo

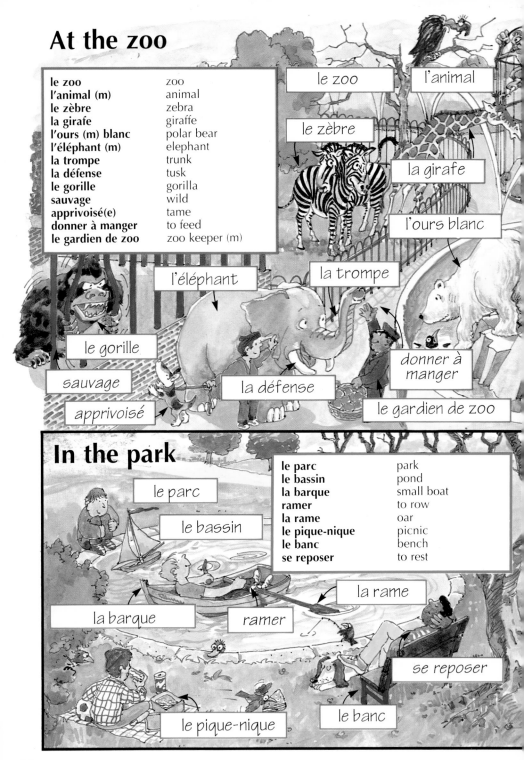

le zoo	zoo
l'animal (m)	animal
le zèbre	zebra
la girafe	giraffe
l'ours (m) blanc	polar bear
l'éléphant (m)	elephant
la trompe	trunk
la défense	tusk
le gorille	gorilla
sauvage	wild
apprivoisé(e)	tame
donner à manger	to feed
le gardien de zoo	zoo keeper (m)

le zoo

l'animal

le zèbre

la girafe

l'ours blanc

la trompe

l'éléphant

le gorille

donner à manger

sauvage

la défense

le gardien de zoo

apprivoisé

In the park

le parc	park
le bassin	pond
la barque	small boat
ramer	to row
la rame	oar
le pique-nique	picnic
le banc	bench
se reposer	to rest

le parc

le bassin

la rame

la barque

ramer

se reposer

le pique-nique

le banc

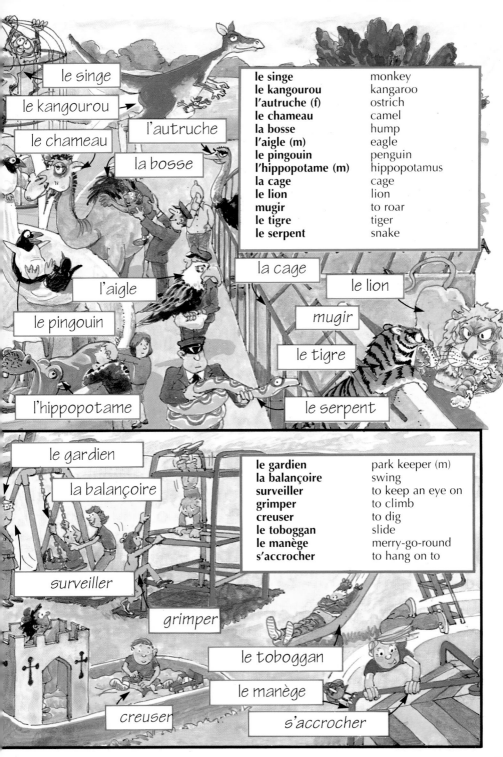

le singe

le kangourou

le chameau

l'autruche

la bosse

le singe	monkey
le kangourou	kangaroo
l'autruche (f)	ostrich
le chameau	camel
la bosse	hump
l'aigle (m)	eagle
le pingouin	penguin
l'hippopotame (m)	hippopotamus
la cage	cage
le lion	lion
mugir	to roar
le tigre	tiger
le serpent	snake

l'aigle

le pingouin

la cage

le lion

mugir

le tigre

l'hippopotame

le serpent

le gardien

la balançoire

le gardien	park keeper (m)
la balançoire	swing
surveiller	to keep an eye on
grimper	to climb
creuser	to dig
le toboggan	slide
le manège	merry-go-round
s'accrocher	to hang on to

surveiller

grimper

le toboggan

le manège

creuser

s'accrocher

In the city

la ville

la grande ville

la banlieue

le pont

le gratte-ciel

le fleuve

la cathédrale

le quartier

le bâtiment

l'église

la grande ville	city
la banlieue	suburb
la ville	town
le gratte-ciel	skyscraper
la cathédrale	cathedral
le fleuve	river
le pont	bridge
le quartier	district
le bâtiment	building
l'église (f)	church
le cimetière	cemetery

le cimetière

la caserne de pompiers

l'hôtel de ville

le commissariat de police

les bureaux

la pompe à incendie

la voiture de police

l'usine

la bibliothèque

la caserne de pompiers	fire station	**les bureaux** (m)	offices, office block
la pompe à incendie	fire engine	**le commissariat de police**	police station
l'usine (f)	factory	**la voiture de police**	police car
l'hôtel (m) **de ville**	town hall	**la bibliothèque**	library

40

le centre-ville	town square
la rue	street
étroit(e)	narrow
large	broad
le coin	corner
traverser la rue	to cross the street
le passage clouté	pedestrian crossing
le piéton	pedestrian (m)
la place	square
la statue	statue
le réverbère	street light
la place du marché	market place
le passage souterrain	subway

le centre-ville

la rue

large

étroite

le coin

traverser la rue

le passage clouté

le piéton

la place

la statue

le réverbère

la place du marché

le passage souterrain

le kiosque	newspaper stand
le pigeon	pigeon
la foule	crowd
affairé(e)	bustling, busy
la poubelle	trash can
le trottoir	sidewalk
se dépêcher	to hurry
l'affiche (f)	advertisement

le kiosque

le pigeon

la foule

affairé

l'affiche

la poubelle

le trottoir

se dépêcher

Shopping

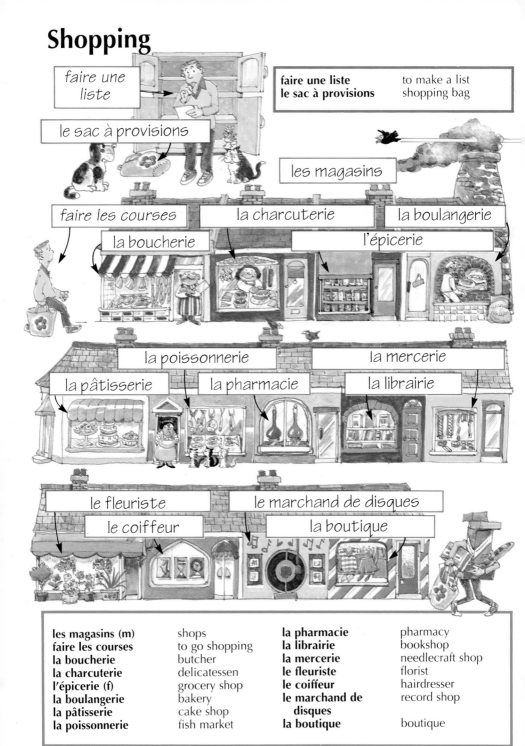

faire une liste

le sac à provisions

les magasins

faire les courses

la charcuterie

la boulangerie

la boucherie

l'épicerie

| faire une liste | to make a list |
| le sac à provisions | shopping bag |

la poissonnerie

la mercerie

la pâtisserie

la pharmacie

la librairie

le fleuriste

le marchand de disques

le coiffeur

la boutique

les magasins (m)	shops	la pharmacie	pharmacy
faire les courses	to go shopping	la librairie	bookshop
la boucherie	butcher	la mercerie	needlecraft shop
la charcuterie	delicatessen	le fleuriste	florist
l'épicerie (f)	grocery shop	le coiffeur	hairdresser
la boulangerie	bakery	le marchand de disques	record shop
la pâtisserie	cake shop		
la poissonnerie	fish market	la boutique	boutique

faire le marché

l'étalage

faire la queue

Un kilo de...

Une livre de...

Ça fait...

Combien je vous dois?

peser

faire le marché	to shop at the market
l'étalage (m)	market stall
faire la queue	to line up

Combien je vous dois?	How much do I owe you?
Ça fait...	That will be...
peser	to weigh
Un kilo de...	A kilo of...
Une livre de...	Half a kilo of...

aller au supermarché

le haut-parleur

le panier

le comptoir

la boîte

l'allée

le paquet

le chariot

la bouteille

l'entrée

la sortie

la caisse

le sac

la caissière

aller au supermarché	to go to the supermarket
le panier	basket
le chariot	shopping cart
le haut-parleur	loudspeaker
le comptoir	counter
l'allée (f)	aisle
la boîte	can
le paquet	packet
la bouteille	bottle
l'entrée (f)	entrance
la sortie	exit
la caisse	checkout
le sac	bag
la caissière	cashier (f)

Shopping

faire du lèche-vitrines	to go window-shopping	**SOLDE**	SALE
la vitrine	window display, shop window	**une bonne affaire**	a bargain
		la cliente	customer (f)
C'est bon marché.	It's good value.	**acheter**	to buy
C'est cher.	It's expensive.	**la vendeuse**	shop assistant (f)
		vendre	to sell

faire du lèche-vitrines

la vitrine

C'est bon marché.

C'est cher.

la cliente

acheter

la vendeuse

vendre

SOLDE SOLDE

une bonne affaire

dépenser de l'argent

le prix

Vous désirez?

Je voudrais…

le reçu

C'est quelle taille?

petit

moyen

grand

Combien coûte…?

Ça coûte…

dépenser de l'argent	to spend money	**petit**	small
le prix	price	**moyen**	medium
le reçu	receipt	**grand**	large
Vous désirez?	Can I help you?	**Combien coûte…?**	How much is…?
Je voudrais…	I'd like…	**Ça coûte…**	It costs…
C'est quelle taille?	What size is this?		

la librairie-papeterie	bookshop and stationer's	la carte postale	postcard
le livre	book	le stylo-bille	ball-point pen
le livre de poche	paperback	le crayon	pencil
l'enveloppe (f)	envelope	le papier à lettres	writing paper

la librairie-papeterie

l'enveloppe

le livre

la carte postale

le stylo-bille

le crayon

le livre de poche

le papier à lettres

le grand magasin

le rayon

l'ascenseur

l'escalier roulant

Jouets

Equipement de sport

Ameublement

Vêtements

le grand magasin	department store	Jouets (m. pl)	Toys
le rayon	department	Ameublement (m)	Furniture
l'escalier (m) roulant	escalator	Equipement de sport (m)	Sports equipment
l'ascenseur (m)	elevator	Vêtements (m. pl)	Clothes

45

At the post office and bank

la poste	post office	**le télégramme**	telegram
la boîte aux lettres	mailbox	**la fiche**	form
mettre à la poste	to mail	**le timbre**	stamp
la lettre	letter	**par avion**	airmail
le colis	package	**l'adresse (f)**	address
heures de levée (f. pl)	collection times	**le code postal**	zip code
envoyer	to send		

la poste

envoyer

le télégramme

la boîte aux lettres

mettre à la poste

la fiche

la lettre

le colis

le timbre

heures de levée

l'adresse

par avion

le code postal

le facteur

le courrier

distribuer

le facteur	postman
le courrier	mail
distribuer	to deliver

46

la banque

le caissier

l'argent

Avez-vous de la petite monnaie?

changer de l'argent

la pièce de monnaie

le cours du change

le directeur de banque

le billet

la carte de crédit

mettre de l'argent en banque

retirer de l'argent

le portefeuille

le carnet de chèques

faire un chèque

le portemonnaie

le sac à main

la banque	bank	**le billet**	paper money
l'argent (m)	money	**la carte de crédit**	credit card
changer de l'argent	to change money	**mettre de l'argent en**	to put money
le cours du change	exchange rate	**banque**	in the bank
le directeur de	bank manager	**retirer de l'argent**	to take money out
banque		**le carnet de chèques**	check-book
le caissier	cashier (m)	**faire un chèque**	to write a check
Avez-vous de la	Have you any	**le portefeuille**	wallet
petite monnaie?	small change?	**le portemonnaie**	purse
la pièce de monnaie	coin	**le sac à main**	handbag

Phonecalls and letters

téléphoner	to make a phonecall	**l'annuaire (m)**	telephone directory
le téléphone	telephone	**sonner**	to ring
le récepteur	receiver	**répondre au téléphone**	to answer the phone
décrocher	to pick up the receiver	**Allô…**	Hello…
		qui est à l'appareil?	who's speaking?
composer le numéro	to dial	**C'est Jeanne.**	It's Jeanne
le numéro de téléphone	phone number	**Je te rappellerai.**	I'll call you back.
		Au revoir	Goodbye
l'indicatif (m)	area code	**raccrocher**	to hang up

la cabine téléphonique	telephone box
la catastrophe	emergency
appeler police secours	to call 911

48

écrire une lettre

Monsieur/Madame,
Je vous remercie de votre lettre du...
Veuillez trouver ci-joint...
...par retour du courrier.
Je vous prie de croire, Monsieur/Madame,
à mes sentiments les meilleurs.

le 12 mars 2001

écrire une lettre	to write a letter	**par retour du courrier**	by return mail
Monsieur/Madame,	Dear Sir/Madam,	**Je vous prie de croire,**	Yours faithfully,
Je vous remercie de votre lettre du...	Thank you for your letter of…	**Monsieur/Madame, à mes sentiments les meilleurs.**	
Veuillez trouver ci-joint...	Please find enclosed…		

ouvrir une lettre

Chère Jeanne,
J'ai été très content
d'avoir de tes nouvelles.
Je t'envoie... séparément.

Bons baisers,

samedi 18 août 2002

ouvrir une lettre	to open a letter	**Je t'envoie…**	I am sending…
Chère Jeanne,	Dear jeanne,	**séparément.**	separately.
J'ai été très content(e) d'avoir de tes nouvelles.	It was lovely to hear from you.	**Bons baisers,**	Love from,

envoyer une carte postale

envoyer un télégramme

Nous nous amusons beaucoup.
Je pense bien à toi.

Message urgent
stop appelle maison

envoyer une carte postale	to send a postcard	**envoyer un télégramme**	to send a telegram
Nous nous amusons beaucoup.	Having a lovely time.	**Message urgent stop appelle maison**	Urgent message stop phone home
Je pense bien à toi.	Wish you were here.		

49

Out and about

aller à pied

courir

demander le chemin

la carte

la poussette

Pour aller à...?

le poteau indicateur

Est-ce que... est loin d'ici?

aller à pied	to walk	**la carte**	map
courir	to run	**le poteau indicateur**	signpost
la poussette	stroller	**Est-ce que... est loin d'ici?**	Is it far to...?
Pour aller à...?	Which way is...?		
demander le chemin	to ask the way		

prendre l'autobus

le passager

descendre de

la station de métro

le métro

monter dans

le billet

l'autobus

l'arrêt d'autobus

prendre l'autobus	to take the bus	**l'autobus (m)**	bus
le passager	passenger (m)	**l'arrêt (m) d'autobus**	bus stop
descendre de	to get off	**la station de métro**	subway station
monter dans	to get on		
le billet	ticket	**le métro**	subway

la circulation

l'autocar

le camion

la camionnette

le chauffeur

la voiture

conduire

la mobylette

la bicyclette

aller à bicyclette

lent

la moto

rapide

l'embouteillage

la circulation	traffic	**la mobylette**	moped
le camion	truck	**aller à bicyclette**	to ride a bicycle
la camionnette	van	**la bicyclette**	bicycle
l'autocar (m)	tour bus	**lent(e)**	slow
le chauffeur	driver (m/f)	**la moto**	motorbike
conduire	to drive	**rapide**	fast
la voiture	car	**l'embouteillage (m)**	traffic jam

la station de taxis

le taxi

appeler un taxi

le prix de la course

la station de taxis	taxi stand
le taxi	taxi
appeler un taxi	to hail a taxi
le prix de la course	fare

51

Driving

démarrer

doubler

l'autoroute

les feux

la route

ralentir

accélérer

tourner à gauche

tourner à droite

aller tout droit

la rue

sens unique

sens interdit

démarrer	to start off
accélérer	to gather speed
doubler	to overtake
ralentir	to slow down
l'autoroute (f)	motorway
les feux (m)	traffic lights
la route	main road, road
tourner à gauche	to turn left
tourner à droite	to turn right
aller tout droit	to go straight on
la rue	side street, street
sens unique	one way
sens interdit	no entry

le parking

garer la voiture

en arrière

Stationnement interdit!

en avant

Stationnement interdit!	No parking!	garer la voiture	to park
		en arrière	backward
le parking	car-park	en avant	forward

52

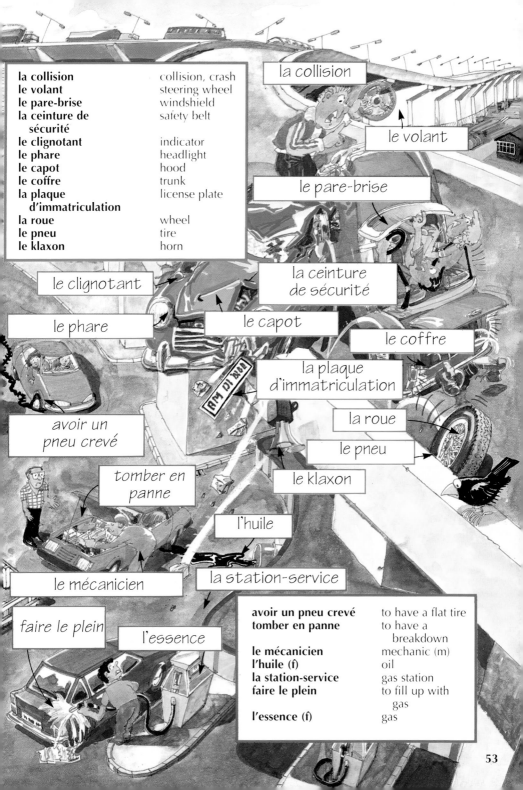

la collision	collision, crash
le volant	steering wheel
le pare-brise	windshield
la ceinture de sécurité	safety belt
le clignotant	indicator
le phare	headlight
le capot	hood
le coffre	trunk
la plaque d'immatriculation	license plate
la roue	wheel
le pneu	tire
le klaxon	horn

la collision

le volant

le pare-brise

la ceinture de sécurité

le clignotant

le phare

le capot

le coffre

la plaque d'immatriculation

la roue

le pneu

avoir un pneu crevé

tomber en panne

le klaxon

l'huile

le mécanicien

la station-service

faire le plein

l'essence

avoir un pneu crevé	to have a flat tire
tomber en panne	to have a breakdown
le mécanicien	mechanic (m)
l'huile (f)	oil
la station-service	gas station
faire le plein	to fill up with gas
l'essence (f)	gas

53

Traveling by train

la gare

la consigne

le contrôleur

le porteur

la salle d'attente

la barrière

le voyageur

l'horaire

Le train à destination de...

le guichet

Le train en provenance de...

le billet

le billet aller retour

la carte d'abonnement

le distributeur automatique

réserver une place

le ticket de quai

la gare	station	Le train en provenance de...	The train from...
le porteur	porter		
la consigne	left luggage office	le guichet	ticket office
le contrôleur	ticket collector (m)	le billet	ticket
la salle d'attente	waiting-room	le billet aller retour	return ticket
la barrière	barrier	la carte d'abonnement	season ticket
le voyageur	traveler (m)	le distributeur	ticket machine
l'horaire (f)	timetable	automatique	
Le train à destination de...	The train to...	le ticket de quai	platform ticket
		réserver une place	to reserve a seat

le chemin de fer

première classe

le train

deuxième classe

en retard

à l'heure

le wagon-lit

le wagon-restaurant

prendre le train

le wagon

la locomotive

manquer le train

la voie

le quai

le chef de train

le chemin de fer	railway	le wagon	rail car
le train	train	prendre le train	to catch the train
première classe	first class	manquer le train	to miss the train
deuxième classe	second class	la locomotive	engine
en retard	late	la voie	track
à l'heure	on time	le quai	platform
le wagon-lit	sleeping-car	le chef de train	guard
le wagon-restaurant	buffet car		

le rapide

le train de marchandises

la place

la place réservée

le filet

Non-fumeurs

le rapide	inter-city train
le train de marchandises	freight train
la place	seat
la place réservée	reserved seat
le filet	luggage-rack
Non-fumeurs	No smoking

55

Traveling by plane and boat

l'aéroport

l'avion

Arrivées

voler

la piste

atterrir

décoller

la douane

le douanier

Rien à déclarer

le passeport

le port

aller en bateau

le navire

le paquebot

la cheminée

le drapeau

la cabine

le capitaine

le hublot

le pont

l'ancre

la passerelle

l'aéroport (m)	airport
l'avion (m)	airplane
voler	to fly
Arrivées	Arrivals
la piste	runway
atterrir	to land
décoller	to take off

la douane	customs
le douanier	customs officer (m/f)
Rien à déclarer	Nothing to declare.
le passeport	passport

le port	port	l'ancre (f)	anchor
aller en bateau	to travel by boat	la cabine	cabin
le navire	ship	le pont	deck
le paquebot	liner	la cheminée	smoke stack
le drapeau	flag	le capitaine	captain
le hublot	porthole	la passerelle	gangway

Départs	Departures
le magasin hors-taxe	duty-free shop
l'enregistrement (m)	check-in
le billet d'avion	airline ticket
l'étiquette (f)	label
le chariot	trolley
Attachez vos ceintures.	Fasten your seatbelts.
le pilote	pilot
l'équipage (m)	crew
l'hôtesse (f) de l'air	stewardess
embarquer	to board
la valise	suitcase
les bagages (m) à main	hand luggage

le magasin hors-taxe

Départs

Attachez vos ceintures.

le pilote

l'équipage

l'enregistrement

l'hôtesse de l'air

la valise

embarquer

le billet d'avion

l'étiquette

le chariot

les bagages à main

le carferry

le dock

la traversée

avoir le mal de mer

la cargaison

charger

décharger

la cale

le marin

le carferry	ferry
la traversée	crossing
avoir le mal de mer	to be seasick
le dock	docks, quay
la cargaison	cargo
charger	to load
décharger	to unload
la cale	hold
le marin	sailor

On vacation

aller en vacances

la touriste

faire sa valise

aller en vacances	to go on vacation
faire sa valise	to pack
la crème solaire	suntan lotion
les lunettes (f) de soleil	sunglasses
la touriste	tourist (f)
visiter	to visit, to sightsee

la crème solaire

les lunettes de soleil

visiter

l'hôtel

rester à l'hôtel

la réception

le porteur

avec salle de bain

une chambre à un lit

avec balcon

une chambre pour deux personnes

réserver une chambre

la pension

complet

l'hôtel (m)	hotel	**réserver une chambre**	to reserve a room
rester à l'hôtel	to stay in a hotel	**complet**	fully booked
la réception	reception	**avec salle de bain**	with shower
le porteur	porter	**avec balcon**	with balcony
une chambre à un lit	single room	**la pension**	guest house
une chambre pour deux personnes	double room		

au bord
de la mer

la mouette

le maître nageur

la vague

le hors-bord

faire du ski
nautique

faire de la
planche à voile

au bord de la mer	at the seaside
la mouette	seagull
le maître nageur	lifeguard
la vague	wave
le hors-bord	powerboat
faire du ski nautique	to waterski
faire de la planche à voile	to windsurf
se baigner	to go in, to have a swim
barboter	to paddle
la mer	sea
le sable	sand
la plage	beach

se baigner

barboter

la mer

le sable

la plage

se bronzer

bronzé

le parasol

se bronzer	to sunbathe
bronzé(e)	tanned
le parasol	sunshade
le château de sable	sandcastle
le seau	bucket
la pelle	spade

le château de
sable

le seau

la pelle

le rocher

l'algue

le crabe

le coquillage

le rocher	rock
l'algue (f)	seaweed
le crabe	crab
le coquillage	shell

59

On vacation

faire de l'alpinisme	to go mountaineering
la montagne	mountain
le sommet	summit
la vue	view
escarpé(e)	steep
escalader	to climb
l'alpiniste (m or f)	climber
le sac à dos	rucksack, backpack

faire du ski

la station de ski

faire de l'alpinisme

le sommet

le télésiège

la montagne

la vue

escalader

escarpé

l'alpiniste

le moniteur

le sac à dos

la piste

la luge

le bâton de ski

les chaussures de ski

les skis

faire du ski	to go skiing
la station de ski	ski resort
le télésiège	chairlift
le moniteur	ski instructor
la piste	ski slope, ski run
la luge	toboggan
le bâton de ski	ski pole
les chaussures (f) de ski	ski boots
les skis (m)	skis

camper	to camp		
le camping	campsite		
la caravane	camper		
la tente	tent		
dresser une tente	to pitch a tent		
le réchaud	stove		
le sac de couchage	sleeping bag		

camper

le camping

la caravane

la tente

dresser une tente

le réchaud

le sac de couchage

le lac

le canoë

aller à la pêche

le roseau

chavirer

la canne à pêche

flotter

le bateau de pêche

l'amorce

la libellule

le hameçon

le moustique

le canard

le filet

attraper un poisson

la grenouille

le lac	lake	**attraper un poisson**	to catch a fish
le roseau	reed	**le canoë**	canoe
aller à la pêche	to go fishing	**chavirer**	to capsize
la canne à pêche	fishing rod	**flotter**	to float
le bateau de pêche	fishing boat	**la libellule**	dragonfly
l'amorce (f)	bait	**le moustique**	mosquito
le hameçon	hook	**le canard**	duck
le filet	net	**la grenouille**	frog

In the countryside

le village

le paysage

paisible

la campagne

la chaumière

faire une promenade

le village	village
le paysage	landscape
paisible	peaceful
la campagne	countryside
la chaumière	cottage
faire une promenade	to go for a walk

le sentier

la prairie

le ruisseau

le lapin

le sentier	path
le ruisseau	stream
la prairie	meadow
le lapin	rabbit
la taupe	mole
grimper sur un arbre	to climb a tree
les fleurs (f) sauvages	wild flowers
cueillir des fleurs	to pick flowers
le bouquet de fleurs	bunch of flowers
la pâquerette	daisy
le bouton d'or	buttercup

la taupe

grimper sur un arbre

les fleurs sauvages

cueillir des fleurs

le bouquet de fleurs

la pâquerette

le bouton d'or

le bois

le chêne

le sapin

la feuille

le bois	wood
le chêne	oak tree
le sapin	fir tree
la feuille	leaf
la branche	branch
le hibou	owl
le merle	blackbird
l'écureuil (m)	squirrel
la grive	thrush
le renard	fox
voler	to fly
le moineau	sparrow

la branche

le hibou

voler

le moineau

la grive

le merle

l'écureuil

le renard

la vallée	valley
la colline	hill
le pont	bridge
la pente	slope
le saule pleureur	weeping willow
la rive	bank
la rivière	river
la mouche	fly
l'araignée (f)	spider
le moustique	mosquito

la vallée

la colline

le pont

la pente

le saule pleureur

la rive

la rivière

l'araignée

la mouche

le moustique

63

On the farm

la ferme

l'étable

l'écurie

le cheval

la grange

le foin

la vache

traire les vaches

l'âne

le cochon

le veau

l'échelle

le coq

la ferme

la basse-cour

la poule

la poulailler

pondre des oeufs

la fermière

l'oie

la chèvre

la ferme	farm	**l'échelle (f)**	ladder
l'étable (f)	cowshed	**la ferme**	farmhouse
l'écurie (f)	stable	**la basse-cour**	farmyard
le cheval	horse	**la poule**	hen
la grange	barn	**le coq**	rooster
le foin	hay	**le poulailler**	henhouse
la vache	cow	**pondre des oeufs**	to lay eggs
traire les vaches	to milk the cows	**la fermière**	farmer (f), farmer's
le veau	calf		wife
l'âne (m)	donkey	**l'oie (f)**	goose
le cochon	pig	**la chèvre**	goat

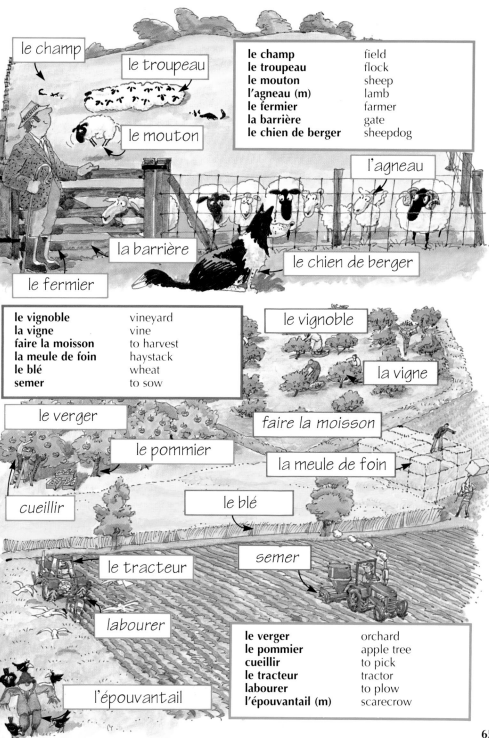

le champ

le troupeau

le mouton

le champ	field
le troupeau	flock
le mouton	sheep
l'agneau (m)	lamb
le fermier	farmer
la barrière	gate
le chien de berger	sheepdog

l'agneau

la barrière

le chien de berger

le fermier

le vignoble	vineyard
la vigne	vine
faire la moisson	to harvest
la meule de foin	haystack
le blé	wheat
semer	to sow

le vignoble

la vigne

le verger

faire la moisson

le pommier

la meule de foin

cueillir

le blé

semer

le tracteur

labourer

le verger	orchard
le pommier	apple tree
cueillir	to pick
le tracteur	tractor
labourer	to plow
l'épouvantail (m)	scarecrow

l'épouvantail

65

At work

aller travailler

être en retard

l'heure du déjeuner

arriver à l'heure

les heures supplémentaires

aller travailler	to go to work	**l'heure (f) du déjeuner**	lunch hour
être en retard	to be late	**les heures supplémentaires**	overtime
arriver à l'heure	to be on time		

le bureau

engager quelqu'un

travailleuses

prendre sa retraite

la patronne

la secrétaire

paresseux

l'employé

renvoyer quelqu'un

le bureau	office	**l'employé (m)**	employee (m)
la patronne	boss (f)	**travailleur (travailleuse)**	hard-working
la secrétaire	secretary (f)	**paresseux (paresseuse)**	lazy
engager quelqu'un	to employ someone	**prendre sa retraite**	to retire
		renvoyer quelqu'un	to fire someone

le métier

le plombier

l'ouvrier

l'architecte

le métier	job, profession
l'ouvrier (m)	builder, laborer (m)
le plombier	plumber (m/f)
l'architecte (m)	architect (m/f)

le juge	judge (m/f)
l'avocat (m)	lawyer (m/f)
la journaliste	journalist (f)
l'agent de police (m)	policeman/woman

la journaliste

l'agent de police

le juge

l'avocat

le curé

la marchande

le curé	vicar
le photographe	photographer (m/f)
la marchande	shopkeeper (f)
le représentant de commerce	sales representative

le représentant de commerce

le photographe

la dessinatrice

le soldat

le coiffeur

le marin	sailor
le soldat	soldier
la dessinatrice	designer (f)
le coiffeur	hairdresser (m)
le mannequin	model (m/f)

le mannequin

le marin

le boueux

le chauffeur de taxi

le pilote

l'hôtesse de l'air

le routier

le pompier

le boueux	garbage collector
le chauffeur de taxi	taxi-driver (m/f)
le routier	truck-driver (m/f)
le pompier	fireman
le pilote	pilot (m/f)
l'hôtesse (f) de l'air	stewardess

67

Illness and health

se sentir malade

prendre la température

le thermomètre

avoir de la fièvre

le médecin

l'ordonnance

se sentir mieux

guérir

le comprimé

en bonne santé

se sentir malade	to feel sick	**le médecin**	doctor (m/f)
prendre la	to take someone's	**l'ordonnance (f)**	prescription
température	temperature	**guérir**	to cure
le thermomètre	thermometer	**le comprimé**	pill
avoir de la fièvre	to have a	**se sentir mieux**	to feel better
	temperature	**en bonne santé**	healthy

être enrhumé

éternuer

s'évanouir

avoir mal au ventre

vomir

avoir mal à la tête

être enrhumé(e)	to have a cold
éternuer	to sneeze
s'évanouir	to faint
avoir mal au ventre	to have stomach ache
vomir	to vomit
avoir mal à la tête	to have a headache

le dentiste

se faire plomber une dent

la piqûre

avoir mal aux dents

le dentiste	dentist (m)
se faire plomber une dent	to have a filling
la piqûre	injection
avoir mal aux dents	to have toothache

l'hôpital				
le service des urgences				
le bleu		la brûlure		se fouler le poignet
se casser la jambe		la blessure		le sparadrap
				le bandage

l'hôpital (m)	hospital	**la blessure**	cut, wound
le service des urgences	emergency room	**la brûlure**	burn
se casser la jambe	to break your leg	**se fouler le poignet**	to sprain your wrist
le bleu	bruise	**le sparadrap**	adhesive bandage
		le bandage	bandage

l'ambulance

prendre le pouls

le blessé

le brancard

l'ambulance (f)	ambulance
prendre le pouls	to take someone's pulse
le brancard	stretcher
le blessé	patient (m)

la salle d'opération

l'opération

l'infirmière

la salle d'opération	operating theatre
le chirurgien	surgeon (m/f)
l'opération (f)	operation
l'infirmière (f)	nurse (f)

le chirurgien

School and education

l'école (f) maternelle	nursery school	**le collège**	high school
l'école primaire	primary school	**la directrice**	headmistress
le directeur	headmaster	**l'université (f)**	university

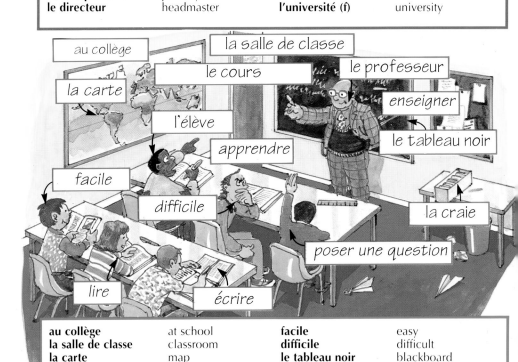

au collège	at school	**facile**	easy
la salle de classe	classroom	**difficile**	difficult
la carte	map	**le tableau noir**	blackboard
le cours	lesson	**la craie**	chalk
le professeur	teacher (m/f)	**lire**	to read
enseigner	to teach	**écrire**	to write
l'élève (m/f)	pupil (m/f)	**poser une question**	to ask a question
apprendre	to learn		

le cartable	satchel
le cahier	exercise book
la trousse	pencil case
le stylo	pen
le stylo-bille	ball-point pen
le crayon	pencil
la gomme	eraser
la règle	ruler

le cartable

le cahier

la trousse

le stylo

la gomme

le stylo-bille

la règle

le crayon

à la maternelle

à la maternelle	at nursery school
le jouet	toy
le crayon de couleur	crayon
le livre illustré	picture book
jouer	to play

le jouet

jouer

le crayon de couleur

le livre illustré

la cour de récréation

la cloche

le vestiaire

la récréation

la cour de récréation	playground
la récréation	break
la cloche	bell
le vestiaire	coatroom

71

School and education

le trimestre	term	les maths (f)	math
la rentrée	beginning of term	la physique	physics
la fin de trimestre	end of term	la chimie	chemistry
l'emploi du temps (m)	timetable	la biologie	biology
la matière	subject	l'histoire (f)	history
le français (m)	French	la géographie	geography
l'anglais (m)	English	la musique	music
l'allemand (m)	German	l'informatique (f)	computer studies
l'espagnol (m)	Spanish	la gymnastique	PE

A B C D E F G H I J K L M N O P Q R S T U V W X Y Z

la lettre
l'alphabet

la grammaire
l'orthographe
la majuscule
le mot
la phrase
le point

la lettre	letter
l'alphabet (m)	alphabet
la grammaire	grammar
l'orthographe (f)	spelling
la majuscule	capital letter
le mot	word
la phrase	sentence
le point	period

faire des calculs

additioner

plus

soustraire

moins

multiplier

fois

diviser

divisé par

$$7 + 9 =$$
$$57 - 13 =$$
$$6 \times 17 =$$
$$100 \div 25 =$$

l'ordinateur

le clavier

la machine à calculer

la fraction

un quart

un tiers

un demi

les trois quarts

faire des calculs	to do sums, to calculate
additioner	to add
plus	plus
soustraire	to subtract
moins	minus
multiplier	to multiply
fois	times
diviser	to divide
divisé par	divided by
l'ordinateur (m)	computer
le clavier	keyboard
la machine à calculer	calculator
la fraction	fraction
un quart	a quarter
un tiers	a third
un demi	a half
les trois quarts	three quarters

l'examen

être reçue à un examen

l'étudiante

Bonne chance.

étudier

passer un examen

rater un examen

l'étudiante (f)	student (f)	Bonne chance.	Good luck.
étudier	to study	être reçu(e) à un examen	to pass an exam
l'examen (m)	exam		
passer un examen	to sit an exam	rater un examen	to fail an exam

Shapes and sizes

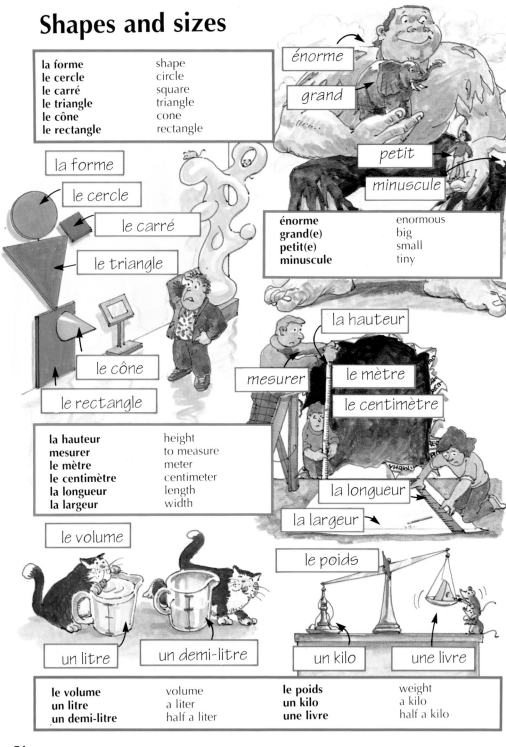

la forme	shape
le cercle	circle
le carré	square
le triangle	triangle
le cône	cone
le rectangle	rectangle

énorme

grand

petit

minuscule

énorme	enormous
grand(e)	big
petit(e)	small
minuscule	tiny

la forme

le cercle

le carré

le triangle

le cône

le rectangle

la hauteur

mesurer

le mètre

le centimètre

la longueur

la largeur

la hauteur	height
mesurer	to measure
le mètre	meter
le centimètre	centimeter
la longueur	length
la largeur	width

le volume

le poids

un litre

un demi-litre

un kilo

une livre

le volume	volume	**le poids**	weight
un litre	a liter	**un kilo**	a kilo
un demi-litre	half a liter	**une livre**	half a kilo

74

Numbers

cent

mille

un million

1.000.000

1.000

100

quatre-vingt-onze 91

quatre-vingt-dix 90

quatre-vingt-un

quatre-vingts 81

soixante-douze 80

soixante et onze 72

soixante-dix 71

soixante 70

cinquante 60

quarante 50

onze

douze

treize

trente-deux 32 40

trente et un 31

trente 30

quatorze 13 12 11

quinze 14

seize 15

vingt-deux

22

21

vingt et un

dix-huit

dix-neuf 19

vingt 20

dix-sept 17

16

18

dix 10

neuf 9

huit

sept 8

six 7

cinq 6

quatre 5

trois 4

deux 3

un 2

1

zéro 0

Sport

être en forme

faire du jogging

le bandeau

faire de l'exercise

les tennis

le survêtement

être en forme	to be fit	**le bandeau**	headband
faire de l'exercise	to exercise	**les tennis (m)**	trainers
faire du jogging	to go jogging	**le survêtement**	tracksuit

faire du golf

le club de golf

jouer au tennis

jouer au squash

le court de tennis

le joueur

In.

servir

Out.

le filet

la balle

la raquette

jouer au tennis	to play tennis	**le filet**	net
le court de tennis	tennis court	**la balle**	ball
le joueur	player (m)	**la raquette**	racket
servir	to serve	**faire du golf**	to play golf
In.	In.	**le club de golf**	golf club
Out.	Out.	**jouer au squash**	to play squash

jouer au football

l'équipe

l'arbitre

le terrain

le gardien de but

jouer au football	to play soccer
l'arbitre (m)	referee
l'équipe (f)	team
le terrain	pitch
le gardien de but	goalkeeper
le ballon	ball, soccer ball
marquer un but	to score a goal

le ballon

marquer un but

la piscine

nager

plonger

le plongeoir

nager sur le dos

nager la brasse

nager le crawl

la piscine	swimming pool	**nager le crawl**	to do the crawl
nager	to swim	**plonger**	to dive
nager sur le dos	to do back-stroke	**le plongeoir**	diving board
nager la brasse	to do breast-stroke		

les courses hippiques

les courses d'auto

la gymnastique

les courses (f) hippiques	horse racing
les courses d'auto	motor racing
la gymnastique	gymnastics
l'athlétisme (m)	athletics

l'athlétisme

77

Celebrations

l'anniversaire (m)	birthday
la fête	party
le ballon	balloon
Bon anniversaire.	Happy Birthday.
inviter	to invite
bien s'amuser	to have fun, to enjoy yourself
le gâteau	cake
la bougie	candle
la carte d'anniversaire	birthday card
le cadeau	present
l'emballage (m)	wrapping

l'anniversaire

la fête

le ballon

Bon anniversaire.

inviter

bien s'amuser

le gâteau

la bougie

le cadeau

l'emballage

la carte d'anniversaire

la veille de Noël

Pâques

Noël

le jour de Noël

le sapin de Noël

Pâques	Easter
Noël	Christmas
la veille de Noël	Christmas Eve
le jour de Noël	Christmas Day
le sapin de Noël	Christmas tree

se fiancer

les noces

se marier

le marié

la mariée

l'invité

féliciter

le bouquet

se fiancer	to get engaged
les noces (f)	wedding
se marier	to get married
le marié	bridegroom
la mariée	bride
l'invité (m)	guest (m)
féliciter	to congratulate
le bouquet	bouquet
être heureux (heureuse)	to be happy
le voyage de noces	honeymoon

être heureux

le voyage de noces

Joyeux Noël

le chant de Noël

Joyeux Noël	Happy Christmas.
le chant de Noël	Christmas carol
offrir	to give (a present)
recevoir	to receive
Merci beaucoup.	Thank you very much.
remercier	to thank

offrir

recevoir

le Réveillon

Merci beaucoup.

le jour de l'An

remercier

célébrer

le Réveillon	New Year's Eve
le jour de l'An	New Year's Day
célébrer	to celebrate
Bonne année.	Happy New Year.

Bonne année.

Days and dates

le calendrier

janvier
février
mars
avril
mai
juin
juillet
août
septembre
octobre
novembre
décembre

le mois

l'année

le calendrier	calendar
le mois	month
janvier	January
février	February
mars	March
avril	April
mai	May
juin	June
juillet	July
août	August
septembre	September
octobre	October
novembre	November
décembre	December
l'année (f)	year
le jour	day
la semaine	week
le week-end	week-end
lundi (m)	Monday
mardi (m)	Tuesday
mercredi (m)	Wednesday
jeudi (m)	Thursday
vendredi (m)	Friday
samedi (m)	Saturday
dimanche (m)	Sunday

lundi
mardi
mercredi
jeudi
vendredi
samedi
dimanche

le jour

la semaine

le week-end

l'agenda (m)	diary
la date	date
mardi, le deux juin...	(on) Tuesday, the second of June...
le premier	the first
le deux	the second
le trois	the third
le quatre	the fourth
le cinq	the fifth

l'agenda

la date

mardi, le deux juin...

le premier

le deux

le trois

le quatre

le cinq

1

hier

hier matin

hier soir

4

après-demain

lundi prochain

la semaine prochaine

2

aujourd'hui

ce matin

ce soir

5

le lendemain

hier	yesterday
hier matin	yesterday morning
hier soir	yesterday evening
aujourd'hui	today
ce matin	this morning
ce soir	this evening
demain	tomorrow
demain matin	tomorrow morning
demain soir	tomorrow evening
avant-hier	the day before yesterday
après-demain	the day after tomorrow
lundi prochain	next Monday
la semaine prochaine	next week
le lendemain	the next day

3

demain

demain matin

avant-hier

demain soir

Time

l'aube (f)	dawn	**le soleil**	sun
le lever du soleil	sunrise	**le ciel**	sky
Il commence à faire jour.	It is getting light.	**Il fait jour.**	It is light.
le matin	morning, in the morning	**le jour**	day, in the daytime

l'après-midi (m or f)	afternoon, in the afternoon	**La nuit tombe.**	It is getting dark.
le soir	evening, in the evening	**la nuit**	night, at night
		les étoiles (f)	stars
le coucher du soleil	sunset	**la lune**	moon
		Il fait nuit.	It is dark.

Quelle heure est-il?	What time is it?	**dix heures moins le quart**	a quarter to 10
l'heure (f)	hour	**dix heures cinq**	five past 10
la minute	minute	**dix heures et quart**	a quarter past 10
la seconde	second	**dix heures et demie**	half past 10
Il est une heure.	It is 1 o'clock.	**huit heures du matin**	8 a.m.
Il est trois heures.	It is 3 o'clock.	**huit heures du soir**	8 p.m.
midi	midday		
minuit	midnight		

le temps	time	**autrefois**	in the past
le passé	past	**à l'avenir**	in the future
l'avenir (m)	future	**de nos jours**	now, nowadays
le présent	present		

Weather and seasons

la saison	season
le printemps	spring
l'été (f)	summer
l'automne (m)	fall
l'hiver (m)	winter

la saison

le printemps

le temps

Il pleut.

l'hiver

la pluie

l'orage

l'automne

l'été

le nuage

la foudre

le tonnerre

l'arc-en-ciel

le parapluie

trempé jusqu'aux os

les bottes de caoutchouc

la flaque d'eau

la goutte de pluie

la grêle

l'inondation

le temps	weather
Il pleut.	It's raining.
la pluie	rain
l'orage (m)	thunder storm
le nuage	cloud
la foudre	lightning
le tonnerre	thunder
le parapluie	umbrella
l'arc-en-ciel (m)	rainbow
les bottes (f) de caoutchouc	wellington boots
trempé(e) jusqu'aux os	soaked to the skin
la flaque d'eau	puddle
la goutte de pluie	raindrop
la grêle	hail
l'inondation (f)	flood

le climat — climate
la météo — weather forecast
Quel temps fait-il? — What is the weather like?

le climat

la météo

Il fait beau.

Le soleil brille.

transpirer

Quel temps fait-il?

J'ai chaud.

Il fait beau. — It's fine.
Le soleil brille. — The sun is shining.
transpirer — to sweat
J'ai chaud. — I'm hot.

le vent

le vent — wind
Il fait du vent. — It's windy.
le brouillard — fog
Il fait du brouillard. — It's foggy.

Il fait du vent.

Il fait froid.

la neige

le brouillard

Il fait du brouillard.

être gelée

le gel

le bonhomme de neige

le glaçon

Il neige.

Il fait froid. — It's cold.
être gelé(e) — to be frozen
le gel — frost
le glaçon — icicle
la neige — snow
le bonhomme de neige — snowman
Il neige. — It's snowing.
fondre — to thaw

fondre

85

World and universe

le monde

le Pôle Nord

le nord

l'Atlantique

le Pacifique

l'ouest

l'est

le désert

l'Equateur

la jungle

le sud

le Pôle Sud

le monde	world	**le nord**	north
l'Atlantique (m)	Atlantic Ocean	**le Pacifique**	Pacific Ocean
l'ouest (m)	west	**l'est (m)**	east
le désert	desert	**l'Equateur (m)**	Equator
la jungle	jungle	**le sud**	south
le Pôle Nord	North Pole	**le Pôle Sud**	South Pole

le continent

le pays

la Russie

le Japon

le Canada

la Chine

les Etats-Unis

l'Europe

l'Inde

l'Afrique

la Nouvelle-Zélande

l'Australie

l'Amérique du Sud

l'univers

l'espace

l'étoile

la planète

la galaxie

l'engin spatial

le télescope

l'univers (m)	universe
l'espace (m)	space
la planète	planet
l'étoile (f)	star
l'engin (m) spatial	spaceship
la galaxie	galaxy
le télescope	telescope

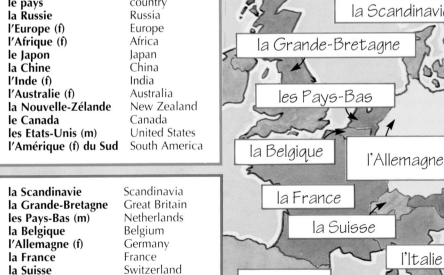

le continent	continent
le pays	country
la Russie	Russia
l'Europe (f)	Europe
l'Afrique (f)	Africa
le Japon	Japan
la Chine	China
l'Inde (f)	India
l'Australie (f)	Australia
la Nouvelle-Zélande	New Zealand
le Canada	Canada
les Etats-Unis (m)	United States
l'Amérique (f) du Sud	South America

la Scandinavie	Scandinavia
la Grande-Bretagne	Great Britain
les Pays-Bas (m)	Netherlands
la Belgique	Belgium
l'Allemagne (f)	Germany
la France	France
la Suisse	Switzerland
l'Italie (f)	Italy
l'Espagne (f)	Spain

la Scandinavie

la Grande-Bretagne

les Pays-Bas

la Belgique

l'Allemagne

la France

la Suisse

l'Italie

l'Espagne

Politics

le président

le parlement

le député

le premier ministre

le gouvernement

le président	president (m/f)
le parlement	parliament
le député	member of parliament (m/f)
le premier ministre	prime minister (m/f)
le gouvernement	government

le parti

le chef

populaire

le membre

le parti	party
le chef	leader (m/f)
populaire	popular
le membre	member (m/f)

l'élection

voter

la gauche

le centre

la droite

gagner

perdre

s'inscrire à

être membre de

l'élection (f)	election	**le centre**	liberal
voter	to vote	**la droite**	right, right wing
gagner	to win	**s'inscrire à**	to join
perdre	to lose	**être membre de**	to belong to
la gauche	left, left wing		

les medias (m)	the media
interviewer	to interview
important(e)	important
intéressant(e)	interesting
le journal	newspaper
les informations (f)	news
le gros titre	headline
l'article (m)	article
vrai(e)	true
faux (fausse)	false

les medias

interviewer

important

intéressant

le journal

les informations

le gros titre

l'article

vrai

faux

#!*&<* >!!*~!

<*&*#!!

la politique

le salaire

les impôts

la société

le syndicat

le chômage

démocratique

la politique	politics	les impôts (m)	taxes
la société	society	le syndicat	trade union
démocratique	democratic	le chômage	unemployment
le salaire	salary, wages		

89

Describing things

bruyant

calme

obéissant

méchant

pareilles

bruyant(e)	noisy
calme	quiet, calm
obéissant(e)	obedient
méchant(e)	naughty
pareil(le)	same
différent(e)	different

différentes

occupé

ensemble

seul

utile

effrayé

occupé(e)	busy
utile	useful
ensemble	together
seul(e)	alone
effrayé(e)	frightened
courageux	brave, courageous
(courageuse)	

courageux

négligent

fâchée

soigneux

plein d'entrain

contente de

ennuyeux

négligent(e)	careless
soigneux (soigneuse)	careful
fâché(e)	cross
content(e) de	pleased with
plein(e) d'entrain	lively
ennuyeux	boring
(ennuyeuse)	

plein

vide

longue

courte

dur

doux

plein(e)	full
vide	empty
long (longue)	long
court(e)	short
dur(e)	hard
doux (douce)	soft

neuve

vieille

profonde

ouverte

neuf (neuve)	new
vieux (vieille)*	old
ouvert(e)	open
fermé(e)	shut
profond(e)	deep
peu profond(e)	shallow

fermée

peu profonde

serrée

à la mode

vieux jeu

dernier

serré(e)	tight
large	loose
à la mode	fashionable
vieux jeu	old-fashioned
dernier (dernière)	last

large

en plastique

en bois

en plastique	made of plastic
en bois	wooden, made of wood
en or	made of gold
en métal	made of metal
en argent	made of silver

en or

en métal

en argent

***Vieux** is irregular: see footnote on page 5.

Colors

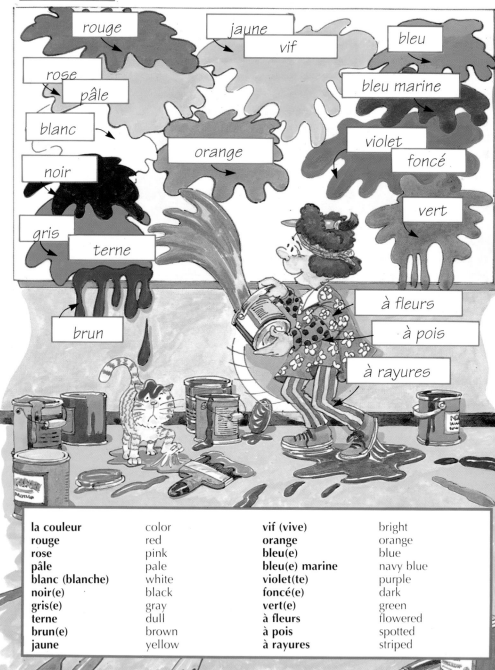

la couleur

rouge

jaune

vif

bleu

rose

pâle

bleu marine

blanc

violet

orange

foncé

noir

vert

gris

terne

à fleurs

à pois

brun

à rayures

la couleur	color	**vif (vive)**	bright
rouge	red	**orange**	orange
rose	pink	**bleu(e)**	blue
pâle	pale	**bleu(e) marine**	navy blue
blanc (blanche)	white	**violet(te)**	purple
noir(e)	black	**foncé(e)**	dark
gris(e)	gray	**vert(e)**	green
terne	dull	**à fleurs**	flowered
brun(e)	brown	**à pois**	spotted
jaune	yellow	**à rayures**	striped

In, on, under…

dans	in	contre	against
sur	on	**à travers**	through
sous	under	**parmi**	among
par dessus	over	**vers**	to, toward
dans	into	**de (e.g. s'échapper**	away from (e.g. to
hors de	out of	**de)**	runaway from)
à côté de	beside	**en haut**	up
entre	between	**en bas**	down
près de	near	**en face de**	opposite
loin de	far away from	**avec**	with
devant	in front of	**sans**	without
derrière	behind		

Action words

chuchoter

crier

chercher

attendre

s'appuyer sur

tenir

chuchoter	to whisper
crier	to shout
chercher	to look for
attendre	to wait for
s'appuyer sur	to lean on
tenir	to hold

porter

ramasser

laisser tomber

déposer

porter	to carry	**ramasser**	to pick up
laisser tomber	to drop	**déposer**	to put down

toucher

fermer

ouvrir

verser

remplir

toucher	to touch
ouvrir	to open
fermer	to close
verser	to pour
remplir	to fill
agiter	to shake
vider	to empty

agiter

vider

déchirer

lancer

attraper

déchirer	to tear
raccommoder	to mend
lancer	to throw
attraper	to catch
renverser	to knock over
casser	to break

raccommoder

renverser

casser

voler

glisser

tirer

pousser

s'échapper

suivre

se cacher

tirer	to pull	s'échapper	to run away
pousser	to push	suivre	to follow
voler	to steal	se cacher	to hide
glisser	to slip		

Grammar hints

In order to speak French well, you need to learn a bit about the grammar, that is, how you put words together and make sentences. On the next few pages there are some hints on French grammar. Don't worry if you cannot remember them all at first. Try to learn a little grammar at a time and then practice using it.

Nouns

In French all nouns are either masculine or feminine. The word you use for "the" is **le** before a masculine noun, **la** before a feminine noun and **l'** before nouns beginning with a vowel:

le chapeau	the hat
la jupe	the skirt
l'imperméable (m)	the raincoat
l'écharpe (f)	the scarf

Some nouns have a masculine and a feminine form. These are often nouns which describe what people are or what they do:

l'étudiant	the student (m)
l'étudiante	the student (f)
le boulanger	the baker (m)
la boulangère	the baker (f)

When they appear in the illustrated section, only the form which matches the picture is given, but both masculine and feminine forms are given in the word list at the back.

Plurals

When you are talking about more than one thing, the word for "the" is always **les:**

les chapeaux	the hats
les jupes	
les imperméables	
les écharpes	

You add "s" to most nouns to make the plural, but it is not pronounced.

Some plurals are formed differently. Nouns ending in "au" and "eu" all add "x" in the plural:

le bateau	the boat
les bateaux	
le jeu	the game
les jeux	

Nouns ending in "al" change the "al" to "aux" in the plural:

le cheval	the horse
les chevaux	

a, an and some

The word for "a" is **un** before a masculine noun and **une** before a feminine noun:

un chapeau
une jupe
un imperméable
une écharpe

The word for "some" or "any" is **du** before a masculine noun, **de la** before a feminine noun and **de l'** before nouns beginning with a vowel. **Des** is used before plurals.

The French often say "some" where there is nothing in English:

Elle mange du poisson. She is eating fish.

After a negative, **de** is used on its own:

Je ne mange jamais de riz. I never eat rice.

this, that

"This" or "that" is **ce** before a masculine noun, **cette** before a feminine noun and **cet** before a masculine noun beginning with a vowel. The plural, meaning "these" or "those", is **ces:**

ce chapeau	cette jupe
ces chapeaux	ces jupes

my, your

"My", "your", "his", "her" and so on are called possessive adjectives. In French they change according to whether the noun which follows is masculine or feminine, singular or plural:

(m)	(f)	(pl)
my		
mon gilet	ma jupe	mes gants
my cardigan	my skirt	my gloves
your		
ton gilet	ta jupe	tes gants
his/her		
son gilet	sa jupe	ses gants
our		
notre gilet	notre jupe	nos gants

your
votre gilet	votre jupe	vos gants

their
leur gilet	leur jupe	leurs gants

With nouns which begin with a vowel, you always use the masculine form of the possessive adjective:

mon imperméable (m)
mon écharpe (f)

Adjectives

Adjectives are describing words. In French, adjectives change their endings depending on whether they are describing a masculine or a feminine word and whether it is singular or plural. You usually add an "e" to the masculine form of the adjective to make it feminine, unless it already ends in an "e":

Il est grand. He is tall.
Elle est grande. She is tall.

To make an adjective plural, you usually add an "s":

Ils sont grands. They (m) are tall.
Elles sont grandes. They (f) are tall.

However, adjectives ending in "au" add an "x":

beau	beautiful
beaux	

and adjectives ending in "al" change to "aux":

égal	equal
égaux	

Some adjectives do not simply add "e" in the feminine:

beau (m)   **belle (f)**   beautiful
bon (m)   **bonne (f)**   good
nouveau (m)   **nouvelle (f)**   new

When these appear in the illustrated section, the form which matches the picture is given. However it is useful to learn both the masculine and feminine forms, so both are given in the word box and in the word list at the back.

In French, adjectives usually come after a noun:

un blouson rouge   a red jacket
du lait chaud   hot milk

However these common adjectives usually come before the noun:

autre	other
beau	beautiful
bon	good
gentil	nice
grand	big, tall
gros	fat, big
jeune	young
joli	pretty
long	long
mauvais	bad
petit	small
vaste	huge
vieux	old

Comparing adjectives

To compare things you put **plus...que** (more...than), **aussi...que** (as...as) and **le/la plus** (the most) with an adjective. The adjective agrees in the usual way.

Elle est plus grande que son frère. She is taller than her brother.
Elle est plus grande. She is taller.
Son frère est aussi grand que moi. Her brother is as tall as me.
Elle est la plus grande. She is the tallest.

Some common adjectives do not add **plus** or **le plus,** but change completely:

bon	good
meilleur	better
le meilleur	the best
mauvais	bad
pire	worse
le pire	the worst

Pronouns

"I", "you", "he", "she" and so on are called pronouns. You use them in place of a noun:

je	I	**nous**	we
tu	you	**vous**	you
il	he/it	**ils**	they (m)
elle	she/it	**elles**	they (f)

In French there are two words for "you": **tu** and **vous**. You say **tu** to a friend and **vous** when you want to be polite or don't know someone very well, or when you are talking to more than one person. "It" is **il** for a masculine word and **elle** for a feminine word. "They" is **ils** for masculine words and **elles** for feminine words. For masculine and feminine things together, you use **ils**.

Verbs

French verbs (action words) change their endings according to who is doing the action. Most of them follow regular patterns of endings. There are three main patterns according to whether the verb's infinitive (e.g. in English: "to dance"; "to do") ends in "er", "ir" or "re". These are the endings for the present tense:

danser to dance

je danse I dance, I am dancing
tu danses
il/elle danse
nous dansons
vous dansez
ils/elles dansent

choisir to choose

je choisis
tu choisis
il/elle choisit
nous choisissons
nous choisissez
ils/elles choisissent

attendre to wait

j'attends
tu attends
il/elle attend
nous attendons
vous attendez
ils/elles attendent

Some of the most common verbs, such as **avoir** (to have) and **être** (to be), do not follow any of these patterns and you need to learn them separately. They are known as irregular verbs. The present tense of **avoir** and **être** are shown below. You can find the present tense of other irregular verbs on page 102.

avoir	être
j'ai	**je suis**
tu as	**tu es**
il/elle a	**il/elle est**
nous avons	**nous sommes**
vous avez	**vous êtes**
ils/elles ont	**ils/elles sont**

The future tense is used for things you are going to do (in English, "I will dance" or "I am going to dance"). In French the future tense is made by adding these endings to the infinitive:

danser	choisir
je danser ai	**je choisir ai**
tu danser as	**tu choisir as**
il/elle danser a	**il/elle choisir a**
nous danser ons	**nous choisir ons**
vous danser ez	**vous choisir ez**
ils/elles danser ont	**ils/elles choisir ont**

For "re" verbs, the "e" is left off the infinitive before the endings are added:

j'attendr ai
tu attendr as
il/elle attendr a
nous attendr ons
vous attendr ez
ils/elles attendr ont

For events which have already happened ("I have danced" or "I danced"), you use the perfect tense. You make the perfect by putting the present of **avoir** with the past participle of the verb. The past participle is based on the infinitive and varies according to whether the verb is an "er", "ir" or "re" type:

infinitive	past participle
danser	dansé
choisir	choisi
attendre	attendu

Here are the perfect tenses of **danser, choisir** and **attendre**:

j'ai dansé
tu as dansé
il/elle a dansé
nous avons dansé
vous avez dansé
ils/elles ont dansé

j'ai choisi
tu as choisi
il/elle a choisi
nous avons choisi
vous avez choisi
ils/elles ont choisi

j'ai attendu
tu as attendu
il/elle a attendu
nous avons attendu
vous avez attendu
ils/elles ont attendu

The following common French verbs use **être** instead of **avoir** to make the perfect tense:

aller	to go
arriver	to arrive
descendre	to go down
devenir	to become
entrer	to go in
monter	to go up
mourir	to die
naître	to be born
partir	to leave
rentrer	to come back
retourner	to go back
rester	to stay
sortir	to go out
tomber	to fall
venir	to come

When you make the perfect tense with **être**, the past participle changes according to whether the subject of the verb is masculine or feminine, singular or plural, like an adjective:

je suis allé(e)	nous sommes allé(e)s
tu es allé(e)	vous êtes allé(e)(s)
il est allé	ils sont allés
elle est allée	elles sont allées

You add the "e" or "s" if the subject is feminine or plural.

Reflexive verbs

Verbs which have **se** before the infinitive are called reflexive verbs. These verbs usually involve doing something to yourself.

se laver	to wash oneself
s'amuser	to enjoy oneself
se coucher	to go to bed

Se means "self" and changes according to who is doing the action:

je me couche I am going to bed
tu te couches you are going to bed
il/elle se couche
nous nous couchons
vous vous couchez
ils/elles se couchent

You always use **être** to make the perfect tense of reflexive verbs:

je me suis couché(e)
tu t'es couché(e)
il s'est couché
elle s'est couchée
nous nous sommes couché(e)s
vous vous êtes couché(e)s
ils se sont couchés
elles se sont couchées

Negatives

To make a negative in French you put **ne** (or **n'** in front of a vowel) and **pas** around the verb:

Je n'aime pas les chiens. I do not like dogs.
Je ne sortirai pas. I will not go out.

In the perfect tense the **ne** and **pas** go round **avoir** or **être**:

Je n'ai pas fini. I have not finished.
Je ne suis pas allé au cinema. I did not go to the movies.

With reflexive verbs you put the **ne** before the reflexive pronoun (**me, te, se** etc):

Je ne me couche pas tard. I do not go to bed late.
Je ne me suis pas lavé ce matin. I have not washed this morning.

Object pronouns

An object pronoun is one which you put in place of a noun that is the object of a verb:

Il cherche ses clés. He is looking for his keys.
Il les cherche. He is looking for them.

These are the object pronouns:

me	me	**nous**	us
te	you	**vous**	you
le	him/it	**les**	them
la	her/it		

In French you put the object pronoun just before the verb:

Je le regarde. I am looking at him.
Il ne me regarde pas. He is not looking at me.

In the perfect tense you put the object pronoun before **avoir** or **être** and the past participle changes like an adjective according to whether the pronoun is masculine, feminine, singular or plural:

Je l'ai regardé. I looked at him.
Je l'ai regardée. I looked at her.
Les clés! Je les ai trouvées. The keys! I've found them.

Questions

A common way to make a question in French is using the phrase **est-ce que:**

Est-ce que tu as des soeurs? Have you any sisters?
Est-ce que Jean vient avec nous? Is Jean coming with us?
Est-ce qu'il y a une pharmacie par ici? Is there a pharmacy around here?

Below are some questions beginning with useful question words.
When you use these, you put the subject after the verb; if the subject is a pronoun, you put a hyphen between them:

Qui est ce monsieur? Who is this man?
Que fais-tu? What are you doing?
Quand est-elle allée à Paris? When did she go to Paris?
Comment es-tu venu? How did you get here?
Combien coûte le billet? How much does the ticket cost?
Combien de temps dure le film? How long is the film?
Combien de frères as-tu? How many brothers do you have?
Pourquoi a-t-il* dit cela? Why did he say that?
Où est la banque? Where is the bank?
D'où venez-vous? Where are you from?

Quel means "which" or "what" and changes like an adjective to agree with the noun which follows:

Quel temps fait-il? What's the weather like?
Quelle heure est-il? What time is it?
Quels livres? Which books?
Quelles langues parles-tu? Which languages do you speak?

Irregular verbs

Here are the present tenses of some common irregular verbs, together with the **je** form of the future and perfect tenses. Try to learn these verbs, one or two at a time, as you will probably need to use them quite frequently when you are speaking French.

aller   to go

je vais
tu vas
il/elle va
nous allons
vous allez
ils/elles vont

future: **j'irai**
perfect: **je suis allé(e)**

s'asseoir   to sit down

je m'assieds
tu t'assieds
il/elle s'assied
nous nous asseyons
vous vous asseyez
ils/elles s'asseyent

future: **je m'assiérai**
perfect: **je me suis assis(e)**

avoir   to have

j'ai
tu as
il/elle a
nous avons
vous avez
ils/elles ont

future: **j'aurai**
perfect: **j'ai eu**

*In questions, when two vowels come together, one at the end of the verb and the other at the beginning of the pronoun, you put hyphens and a "t" between them.

boire to drink

je bois
tu bois
il/elle boit
nous buvons
vous buvez
ils/elles boivent

future: **je boirai**
perfect: **j'ai bu**

connaître to know

je connais
tu connais
il/elle connaît
nous connaissons
vous connaissez
ils/elles connaissent

future: **je connaîtrai**
perfect: **j'ai connu**

courir to run

je cours
tu cours
il/elle court
nous courons
vous courez
ils/elles courent

future: **je courrai**
perfect: **j'ai couru**

croire to believe

je crois
tu crois
il/elle croit
nous croyons
vous croyez
ils/elles croient

future: **je croirai**
perfect: **j'ai cru**

devoir to have to

je dois
tu dois
il/elle doit
nous devons
vous devez
ils/elles doivent

future: **je devrai**
perfect: **j'ai dû**

dire to say

je dis
tu dis
il/elle dit
nous disons
vous dîtes
ils/elles disent

future: **je dirai**
perfect: **j'ai dit**

écrire to write

j'écris
tu écris
il/elle écrit
nous écrivons
vous écrivez
ils/elles écrivent

future: **j'écrirai**
perfect: **j'ai écrit**

être to be

je suis
tu es
il/elle est
nous sommes
vous êtes
ils/elles sont

future; **je serai**
perfect: **j'ai été**

faire   to do

je fais
tu fais
il/elle fait
nous faisons
vous faites
ils/elles font

future: **je ferai**
perfect: **j'ai fait**

lire   to read

je lis
tu lis
il/elle lit
nous lisons
vous lisez
ils/elles lisent

future: **je lirai**
perfect: **j'ai lu**

mettre   to put

je mets
tu mets
il/elle met
nous mettons
vous mettez
ils/elles mettent

future: **je mettrai**
perfect: **j'ai mis**

ouvrir   to open

j'ouvre
tu ouvres
il/elle ouvre
nous ouvrons
vous ouvrez
ils/elles ouvrent

future: **j'ouvrirai**
perfect: **j'ai ouvert**

partir   to leave

je pars
tu pars
il/elle part
nous partons
vous partez
ils/elles partent

future: **je partirai**
perfect: **je suis parti(e)**

pouvoir   to be able to

je peux
tu peux
il/elle peut
nous pouvons
vous pouvez
ils/elles peuvent

future: **je pourrai**
perfect: **j'ai pu**

prendre   to take

je prends
tu prends
il/elle prend
nous prenons
vous prenez
ils/elles prennent

future: **je prendrai**
perfect: **j'ai pris**

rire   to laugh

je ris
tu ris
il/elle rit
nous rions
vous riez
ils/elles rient

future: **je rirai**
perfect: **j'ai ri**

104

savoir   to know

je sais
tu sais
il/elle sait
nous savons
vous savez
ils/elles savent

future: **je saurai**
perfect: **j'ai su**

sortir   to go out

je sors
tu sors
il/elle sort
nous sortons
vous sortez
ils/elles sortent

future: **je sortirai**
perfect: **je suis sorti(e)**

suivre   to follow

je suis
tu suis
il/elle suit
nous suivons
vous suivez
ils/elles suivent

future: **je suivrai**
perfect: **j'ai suivi**

venir   to come

je viens
tu viens
il/elle vient
nous venons
vous venez
ils/elles viennent

future: **je viendrai**
perfect: **je suis venu(e)**

vivre   to live

je vis
tu vis
il/elle vit
nous vivons
vous vivez
ils/elles vivent

future: **je vivrai**
perfect: **j'ai vécu**

voir   to see

je vois
tu vois
il/elle voit
nous voyons
vous voyez
ils/elles voient

future: **je verrai**
perfect: **j'ai vu**

vouloir   to want

je veux
tu veux
il/elle veut
nous voulons
vous voulez
ils/elles veulent

present: **je voudrai**
perfect: **j'ai voulu**

Phrase explainer

Throughout the illustrated section of this book, there are useful short phrases and everyday expressions. You may find these easier to remember if you understand the different words that make them up.

This section lists the expressions under the page number where they appeared (although those whose word for word meaning is like the English have been left out). After reminding you of the suggested English equivalent, it shows you how they break down and, wherever possible, gives you the literal translations of the words involved.* Any grammatical terms used (e.g. reflexive verb) are explained in the grammar section.

page 4
● **A tout à l'heure**   See you later:
à=until (and many other meanings); here **tout à l'heure**=in a moment (highly idiomatic).
● **faire la bise à**   to kiss:
faire=to make; **la bise**=kiss (colloquial for **le baiser**); **à**=to. Another way of saying "to kiss" is **embrasser**.

page 5
● **D'accord**   I agree/Agreed:
d' (**de** in front of consonants)=of; **l'accord (m)**=agreement.
● **Comment t'appelles-tu?**   What's your name?
comment?=how?; **s'appeler**=to call oneself (a reflexive verb).
● **Quel âge as-tu?**   How old are you?
quel(le)?=what?; **l'âge (m)**=age; **as-tu**=have you.
● **J'ai dix-neuf ans**   I'm nineteen:
j'ai=I have; **dix-neuf**=nineteen; **ans (m)**=years.

page 12
● **Je suis chez moi.**   I'm at home:
je suis=I am; **chez moi**=at me (to say "at home", use **chez** followed by **moi**=me, **toi/vous**=you, **lui/elle**=him/her, **nous**=us, **eux/elles**=them (m/f) according to whose home you are referring to).

page 18
● **ATTENTION, CHIEN MECHANT**   BEWARE OF THE DOG:
attention=attention, care (**faire attention**=to be careful); **le chien**=dog; **méchant**=bad, wicked.

page 26
● **A table!**   It's ready!
à=to; **la table**=table.
● **Servez-vous.**   Help yourselves:
se servir=to serve/help oneself.
● **Bon appétit!**   Enjoy your meal!
bon=good; **l'appétit (m)**=appetite. This is a polite phrase you say to people who are about to eat.
● **C'est très bon.**   It tastes good:
c'est=it's; **très**=very; **bon**=good.

page 37
● **Que désirez-vous?**   What would you like?
que?=what? (like **qu'est-ce que?**, but more polite); **désirez-vous**=want/wish you.
● **Service compris?**   Is service included?
le service=service; **compris**=included (full question: **Est-ce que le service est compris?**)
● **Service non compris**   Service not included:
non=no, not.

page 43
● **Ça fait...**   That will be...
ça=it, that (short for **cela**); **fait**=makes; this is another way of saying **ça coûte...** (see page 44).

*Literal meanings of French words are introduced by the sign =.

page 44
- **Vous désirez?** What would you like?
vous=you (polite); **désirez**=want/wish; (same meaning as **Que désirez-vous?** see page 37).
- **Je voudrais...** I would like...
vouloir=to want; this is how you ask for things in shops, restaurants, ticket offices etc..
- **C'est quelle taille?** What size is it?
c'est=it's; **quel(le)?**=what/which?; **la taille**=size.
- **Combien coûte...?** How much is...?
combien?=how much?; **coûte**=costs.
- **Ça coûte...** It costs...
ça=it, that (short for **cela**), e.g. **combien coûte cette robe?** How much is this dress?

page 48
- **Allô** Hello:
allô is only used on the telephone.
- **qui est à l'appareil?** who's speaking?
qui?=who?; **est**=is; **à**=at; **l'appareil (m)**=appliance, telephone (short for **l'appareil téléphonique**, now a little old fashioned).

page 49
- **Monsieur/Madame,** Dear Sir/Madam:
Monsieur=Sir, Mr; **Madame**=Madam/Mrs (note that you do not use **Cher/Chère**=dear (m/f) to open a formal letter).
- **Veuillez trouver ci-joint** Please find enclosed:
veuillez=would you/would you wish to (very polite, from **vouloir**); **trouver**=to find; **ci-joint**=enclosed.
- **Je vous prie de croire, Monsieur/Madame, à mes sentiments les meilleurs** Yours faithfully:
je vous prie=I beg you; **de croire à**=to believe in; **mes sentiments les meilleurs**=my best feelings/sentiments.
- **J'ai été très content(e) d'avoir de tes nouvelles.** It was lovely to hear from you:
j'ai été=I was; **très**=very;

content(e)=happy; **d'avoir**=to have; **de tes**=some of your; **les nouvelles**=news (**la nouvelle**=a piece of news).
- **Bons baisers,** Love from:
bon(ne)=good; **baiser**=kiss (Other common ways of ending an informal letter: **Je t'/vous embrasse**=I kiss you; **baisers affectueux**=affectionate kisses; **affectueusement**=affectionately).
- **Nous nous amusons beaucoup.**
Having a lovely time:
nous nous amusons=we are having fun (**s'amuser**=to have fun/a good time); **beaucoup**=a lot.
- **Je pense bien à toi.** Thinking of you:
je pense à=I am thinking of; **bien**=well (in this expression, **bien** is used for emphasis, to mean "a lot" or "often"); **toi**=you.
- **appelle maison** phone home
appelle=phone/call; **maison**=house/home (see above, page 12; **à la maison** is another way of saying "at home").

page 50
- **Pour aller à?** Which way is...?
pour=for/(in order) to; **aller à**=to go to.
- **Est-ce que... est loin d'ici?** Is it far to...?
est-ce que=common way of opening a question (see page 102); **est-ce que...est?**=is?; **loin**=far; **d'ici**=from here (**ici**=here).

page 52
- **Stationnement interdit!** No parking!
le stationnement=parking; **interdit(e)**=forbidden.

page 55
- **Non-fumeurs** No smoking: =non-smokers.

page 78
- **Bon anniversaire** Happy birthday:
bon(ne)=good; **anniversaire**=birthday.

page 79
• **Joyeux Noël** Merry Christmas
joyeux (joyeuse) = merry, joyful;
Noël = Christmas.
• **Merci beaucoup** Thank you very
much:
merci=thank you; **beaucoup**: a lot/much.
• **Bonne année.** Happy New Year:
bon(ne)=good; **l'année (f)**=year. (Note
that "year" can be either **l'année (f)** or
l'an (m), as in **le jour de l'An**).

• **huit heures du matin/soir** 8
a.m./p.m.:
huit heures=eight o'clock; **du matin**=of
the morning; **du soir**=of the evening.

page 84
• **Il pleut.** It's raining:
pleuvoir=to rain (see note on
impersonal **il**, page 82).

page 82
• **Il commence à faire jour.** It is getting
light:
il commence à=it is beginning to (note
that **il** (he) can be used impersonally in
this way, e.g. **il pleut**=it is raining); **faire
jour**=to be light (**le jour** means
"daylight" as well as "day", and **faire
jour** is only used for natural light).
• **Il fait jour/nuit.** It is light/dark:
il fait=it is (literally=it makes, but **il fait** is
commonly used to describe the
weather; see examples on page 85);
jour=day, daylight (see above);
nuit=night, darkness.
• **La nuit tombe** It is getting dark:
la nuit=night; **tombe**=is falling.

page 85
• **Quel temps fait-il?** What is the
weather like?
quel(le)?=what/which?; **temps**=weather
(/time); **fait-il**=is it (see **Il fait jour,** page
82).
• **J'ai chaud.** I'm hot:
j'ai=I have; **chaud**=hot (**avoir**=to have is
often used in such expressions, e.g. **j'ai
froid/faim**=I am cold/hungry).
• **Il fait du vent/brouillard.** It's windy/
foggy:
il fait=it makes/is (see **Il fait jour,** page
82) ; **du vent**=some wind; **du
brouillard**=some fog.

page 83
• **Quelle heure est-il?** What time is it?
quel(le)?=what/which?; **heure**=hour; **est-
il**=is it.
• **Il est une heure/trois heures.** It is one/
three o'clock:
il est=it is; **un(e)**=one; **trois**=three;
heure(s)=hour(s).
• **dix heures moins le quart** a quarter to
ten:
dix heures=ten o'clock; **moins**=minus/
less; **le quart**=quarter.
• **dix heures cinq/et quart/et
demie** five/a quarter/half past ten:
dix heures=ten o'clock; **cinq**=five; **et
quart**=and quarter; **et demie**=and half.

108

English-French word list

Here you will find all the French words, phrases and expressions from the illustrated section of this book listed in English alphabetical order. Wherever useful, phrases and expressions are cross-referenced, and the words they are made up from are included in the list.

Following each French term, you will find its pronunciation in italics. To pronounce French properly, you need to listen to a French person speaking. This pronunciation guide will give you an idea as to how to pronounce new words and act as a reminder to words you have heard spoken.

When using the pronunciation hints in italics, read the "words" as if they were English, but bear in mind the following points:

- *a* is said like *a* in *cat*
- *ay* is like *a* in *date*
- *e(r)* is like *e* in *the* (not *thee*), and the *(r)* is not pronounced
- *ew* represents a sound unlike any English sound. It is a very sharp *u*. To make it, round your lips to say *oo*, then try to say *ee*
- *(n)* or *(m)* are used to show that the preceding vowel is nazalised: you make the sound through your nose and your mouth at the same time. The *n* or *m* are barely pronounced, rather like the *n* in *aunt*
- *g* in the pronunciation hints is always hard
- *k* represents a hard *c* as in *cat*
- remember that the French *r* is made by a roll in the back of your mouth; it sounds a little like gargling, but a bit harder. Any *r* in the pronunciation guide is said like this, except if it is in brackets: *(r)*
- *s* represents the hard *s* in *sea*
- *z* represents the *z* sound as in *zoo*
- *zh* represents the *j* sound in *treasure*.

A

to accelerate	accélérer	ak-sel-ay-ray
actor	l'acteur (m)	lak-ter
actress	l'actrice (f)	lak-trees
to add	additionner	a-dee-see-on-ay
address	l'adresse (f)	la-dress
adhesive bandage	le sparadrap	le(r) spa-ra-dra
advertisement (on poster)	l'affiche (f)	la-feesh
Africa	l'Afrique (f)	laf-reek
afternoon, in the afternoon	l'après-midi (m or f)	la-prey-mee-dee
against	contre	kontr
age	l'âge (m)	lazh
I agree, agreed	d'accord	da-kor
air steward	le steward	le(r) stew-war
airline ticket	le billet d'avion	le(r) bee-yay dav-yo(n)
airmail	par avion	par av-yo(n)
airplane	l'avion (m)	lav-yo(n)
airport	l'aéroport (m)	la-ay-ropor
aisle	l'allée (f)	la-lay
alarm clock	le réveil	le(r) ray-vaye
alone	seul(e)	serl
alphabet	l'alphabet (m)	lal-fa-bay
ambulance	l'ambulance (f)	lam-bew-la(n)s
among	parmi	par-mee
anchor	l'ancre (f)	la(n)kr
and	et	ay
animal	l'animal (m)	lan-ee-mal
ankle	la cheville	la she(r)-vee-ye
to answer	répondre	ray-po(n)dr
to answer the telephone	répondre au téléphone	ray-po(n)dr-o-tay-lay-fon
apartment	l'appartement (m)	la-par-te-ma(n)
block of apartments	l'immeuble (m)	lee-merbl
apple	la pomme	la pom
apple tree	le pommier	le(r) pom-ee-ay
apricot	l'abricot (m)	la-bree-ko
April	avril	av-reel
architect (m/f)	l'architecte (m)	lar-shee-tekt
area code	l'indicatif (m)	la(n)-deek-at-eef
arm	le bras	le(r) bra
armchair	le fauteuil	le(r) fo-te(r)-ye
Arrivals	Arrivées (f. pl)	a-ree-vay
art gallery	la galerie	la gal-er-ee
article (in newspaper)	l'article (m)	lar-teekl
to ask	demander	de(r)-ma(n)-day
to ask a question	poser une question	pozay ewn kest-yo(n)
to ask the way	demander le chemin	de(r)-ma(n)-day le(r) she(r)-ma(n)
to fall asleep	s'endormir	sa(n)-dormeer
at the seaside	au bord de la mer	o bor de(r) la mair
athletics	l'athlétisme (m)	lat-lay-teesm
Atlantic Ocean	l'Atlantique (m)	lat-la(n)-teek
attic	le grenier	le(r) gren-ee-ay
audience	les spectateurs (m)	lay spekt-at-er
August	août	oot
aunt	la tante	la ta(n)t
Australia	l'Australie (f)	los-tral-ee
autumn	l'automne (m)	lo-tonn
away from (e.g. to run away from)	de (e.g. s'échapper de)	de(r) (say-shap-ay de(r))

B

English	French	Pronunciation
baby	le bébé	le(r) bay-bay
back	le dos	le(r) do
to do back-stroke	nager sur le dos	nazhay sewr le(r) do
backwards	en arrière	an a-ree-air
bag	le sac	le(r) sak
bait	l'amorce (f)	la-morse
bakery	la boulangerie	la boo-la(n)-zher-ee
balcony	le balcon	le(r) bal-ko(n)
with balcony	avec balcon	avek bal-ko(n)
bald	chauve	shov
to be bald	être chauve	et-re(r) shov
ball	la balle	la bal
ballet	le ballet	le(r) balay
ballet dancer (m)	le danseur de ballet	le(r) da(n)-ser de(r) balay
ballet dancer (f)	la danseuse de ballet	la da(n)-serz de(r) balay
balloon	le ballon	le(r) bal-o(n)
banana	la banane	la ban-an
bandage	le bandage	le(r) ba(n)-dazh
bangs	la frange	la fra(n)zh
bank (river)	la rive	la reev
bank	la banque	la ba(n)k
bank manager	le directeur de banque	le(r) deer-ek-ter de(r) ba(n)k
barefoot	pieds nus	pee-ay new
a bargain	une bonne affaire	ewn bona-fair
to bark	aboyer	a-bwa-yay
barn	la grange	la gra(n)zh
barrier	la barrière	la ba-ree-air
basement	le sous-sol	le(r) soo-sol
basket	le panier	le(r) pa-nee-ay
to have a bath	prendre un bain	pra(n)-dro(n) ba(n)
to run a bath	faire couler un bain	fair koolay o(n) ba(n)
bathmat	la descente de bain	la day-sa(n)t de(r) ba(n)
bathrobe	le peignoir de bain	le payn-war de(r) ba(n)
bathroom	la salle de bain	la sal de(r) ba(n)
with bathroom	avec salle de bain	avek sal de(r) ba(n)
bathtub	le bain	le(r) ba(n)
to be	être	et-re(r)
to be born	naître	nay-tr
to be called , to be named	s'appeler	sa-pel-ay
to be fit	être en forme	et-re(r) a(n) form
to be fond of	aimer bien	ay-may bee-a(n)
to be frozen	être gelé(e)	et-re(r) zhe(r)-lay
to be happy	être heureux (f: heureuse)	et-re(r) er-e(r) (er-erz)
to be hungry	avoir faim	av-war fa(m)
to be late	être en retard	et-re(r) a(n) re-tar
to be on time	arriver à l'heure	a-reev-ay a ler
to be seasick	avoir le mal de mer	av-war le(r) mal de(r) mair
to be sick, vomit	vomir	vo-meer
to be sleepy	avoir sommeil	av-war som-aye
to be thirsty	avoir soif	av-war swaf
beach	la plage	la plazh
beak	le bec	le(r) bek
beans	les haricots (m)	lay a-ree-ko
beard	la barbe	la barb
to have a beard	porter la barbe	por-tay la barb
beautiful	beau (belle)	bo (bell)
bed	le lit	le(r) lee
to go to bed	aller au lit	a-lay o lee
bedroom	la chambre	la sha(m) br
bedside lamp	la lampe de chevet	la la(m)p de(r) she(r)-vay
bedside table	la table de chevet	la tabl de(r) she(r)-vay
bedspread	le dessus-de-lit	le(r) de(r)-sew de(r) lee
bedtime	l'heure (f) d'aller se coucher	ler da-lay se(r) koo-shay
bee	l'abeille (f)	la-baye
beer	la bière	la bee-air
behind	derrière	dare-ee-air
Belgium	la Belgique	la belzh-eek
bell	la cloche	la klosh
doorbell	la sonnette	la son-et
to belong to	être membre de	et-re(r) ma(m)br de(r)
belt	la ceinture	la sa(n)-tewr
safety belt, seatbelt	la ceinture de sécurité	la sa(n)-tewr de(r) say-kewr-ee-tay
bench	le banc	le(r) ba(n)
beside	à côté de	a ko-tay de(r)
better	mieux	mee-e(r)
to feel better	se sentir mieux	se(r) sa(n)-teer mee-e(r)
between	entre	a(n)tr
Beware of the dog	Attention, chien méchant	A-te(n)see-o(n) shee-a(n) may-sha(n)
bicycle	la bicyclette	la bee-see-klet
big	grand(e)	gra(n)
bill	l'addition (f)	la-dee-see-o(n)
biology	la biologie	la bee-ol-ozh-ee
bird	l'oiseau (m)	lwa-zo
birth	la naissance	la nay-sa(n)s
birthday	l'anniversaire (m)	la-nee-vers-air
birthday card	la carte d'anniversaire	la kart da-nee-vers-air
Happy birthday	Bon anniversaire	bon annee-vers-air
bitter	amer (f: amère)	am-air
black	noir(e)	nwar
blackbird	le merle	le(r) mairl
blackboard	le tableau noir	le(r) tab-lo nwar
block of apartments	l'immeuble (m)	lee-me(r)bl
blond	blond(e)	blo(n)
blond hair	les cheveux blonds	lay she(r)-ve(r) blon
blouse	le chemisier	le(r) she(r)-mee-zee-ay
blue	bleu(e)	ble(r)
to board (ship, plane)	embarquer	a(m)-bar-kay
board game	le jeu de société	le(r) zhe(r) de(r) so-cee-ay-tay
boarding house	la pension	la pa(n)-see-o(n)
boat	le bateau	le(r) ba-to
to travel by boat	aller en bateau	a-lay a(n) ba-to
body	le corps	le(r) kor
book	le livre	le(r) lee-vr
picture book	le livre illustré	le(r) lee-vr ee lew-stray
booked up, fully booked	complet	kom-play
bookshop	la librairie	la lee-bray-ree
bookshop and stationer's	la librairie-papeterie	la lee-bray-ree-pa-pay-ter-ee
boots	les bottes (f)	lay bot

rubber boots	les bottes (f) de caoutchouc	lay bot de(r) cow-tshoo
boring	ennuyeux (ennuyeuse)	on-wee-ye(r) (on-wee-ye(r)z)
to be born	naître	nay-tr
boss (m)	le patron	le(r) pa-tro(n)
boss (f)	la patronne	la pa-tron
bottle	la bouteille	la boo-taye
bouquet	le bouquet	le(r) boo-kay
boutique	la boutique	la boo-teek
bowl	le bol	le(r) bol
bowl (for goldfish)	le bocal	le(r) bok-al
box office	le guichet	le(r) gee-shay
boy	le garçon	le(r) gar-so(n)
bra	le soutien-gorge	le(r) soo-tee-a(n) gorzh
bracelet	le bracelet	le(r) bra-slay
braids	les nattes (f)	lay nat
to have braids	avoir des nattes	a-vwar day nat
branch	la branche	la bra(n)-sh
brave	courageux (courageuse)	koor-azhe(r) (koor-azh-e(r)z
bread	le pain	le(r) pa(n)
break (at school)	la récréation	la ray-kray-ass-ee-o(n)
to break	casser	kassay
to break your leg	se casser la jambe	se(r) kassay la zha(m)b
breakdown (vehicle)	la panne	la pan
to have a breakdown	tomber en panne	to(m)-bay a(n) pan
breakfast	le petit déjeuner	le(r) pe(r)-tee day-zhe(r)-nay
to do breast-stroke	nager la brasse	nazhay la brass
bride	la mariée	la mar-ee-ay
bridegroom	le marié	le(r) mar-ee-ay
bridge	le pont	le(r) po(n)
bright	vif (vive)	veef (veev)
to bring up	élever	ay-lev-ay
broad	large	larzh
brooch	la broche	la brosh
brother	le frère	le(r) frair
brown	brun(e)	bra(n) (brewn)
brown hair	les cheveux bruns	lay she(r)-ve(r) bra(n)
bruise	le bleu	le(r) ble(r)
brush (for painting)	le pinceau	le(r) pa(n)-so
brush	la brosse	la bross
toothbrush	la brosse à dents	la bross a da(n)
to brush your hair	se brosser les cheveux	se(r) brossay lay she(r)-ve(r)
Brussels sprout	le chou de Bruxelles	le(r) shoo de(r) brew-ksell
bucket	le seau	le(r) so
buffet car	le wagon-restaurant	le(r) va-go(n) rest-or-a(n)
builder, worker (m)	l'ouvrier (m)	loo-vree-ay
builder, worker (f)	l'ouvrière (f)	loo-vree-air
building	le bâtiment	le(r) ba-tee-ma(n)
bulb (plant)	le bulbe	le(r) bewlb
bunch of flowers	le bouquet de fleurs	le(r) boo-kay de(r) fler
burn	la brûlure	la brew-lewr
to burst out laughing	éclater de rire	ay-klat-ay de(r) reer
bus	l'autobus (m)	lo-to-bews
bus stop	l'arrêt (m) d'autobus	la-ray do-to-bews
to take the bus	prendre l'autobus	pra(n)dr lo-to-bews
bush	le buisson	le(r) bwee-so(n)

busy	occupé(e)	o-kew-pay
bustling	affairé(e)	a-fair-ay
butcher's shop	la boucherie	la boosh-e(r)-ree
butter	le beurre	le(r) ber
buttercup	le bouton d'or	le(r) boo-to(n) dor
butterfly	le papillon	le(r) pa-pee-yo(n)
button	le bouton	le(r) boo-to(n)
to buy	acheter	ash-tay
by return mail	par retour du courrier	par retoor dew koor-ee-ay

C

cabbage	le chou (pl: les choux)	le(r) shoo (lay shoo)
cabin	la cabine	la ka-been
cage	la cage	la kazh
cake	le gâteau	le(r) ga-to
cake shop	la pâtisserie	la pa-tee-ser-ee
to calculate	faire des calculs	fair day kal-kewl
calculator	la machine à calculer	la masheen a kal-kewlay
calendar	le calendrier	le(r) ka-le(n)-dree-ay
calf	le veau	le(r) vo
camel	le chameau	le(r) sham-o
camera	l'appareil (m) photo	lapa-raye foto
to camp, to go camping	camper	ca(m)-pay
camper	la caravane	la kar-avan
campsite	le camping	le(r) ca(m)-pee(n)g
can	la boîte	la bwat
Can I help you?	Vous désirez?	voo day-zeer-ay
Canada	le Canada	le(r) kan-a-da
candle	la bougie	la boo-zhee
canned food	les conserves (f)	lay ko(n)-serv
canoe	le canoë	le(r) canoo-ay
cap	la casquette	la kas-kett
capital letter	la majuscule	la ma-zhews-kewl
to capsize	chavirer	sha-vee-ray
captain	le capitaine	le(r) ka-pee-ten
car	la voiture	la vwa-tewr
car-park	le parking	le(r) par-king
card	la carte	la kart
postcard	la carte postale	la kart post-al
credit card	la carte de crédit	la kart de(r) kray-dee
card (playing card)	la carte	la kart
to play cards	jouer aux cartes	zhoo-ay o kart
cardigan	le gilet	le(r) zhee-lay
careful	soigneux (soigneuse)	swan-ye(r) (swan-yerz)
careless	négligent(e)	nay-glee-zha(n)
caretaker (m/f)	le/la concierge	le(r)/la kon-see-yerzh
cargo	la cargaison	la kar-gay-so(n)
carpet	le tapis	le(r) ta-pee
wall-to-wall carpet	la moquette	la mo-ket
to carry	porter	por-tay
carrot	la carotte	la kar-ot
cashier (m)	le caissier	le(r) kay-see-ay
cashier (f)	la caissière	la kay-see-air
cassette	la cassette	la kass-et
cassette recorder	le magnétophone	le(r) man-yet-o-fon
cat	le chat	le(r) sha
to catch	attraper	a-trap-ay
to catch a fish	attraper un poisson	a-trap-ay a(n) pwa-sso(n)

English	French	Pronunciation
to catch the train	prendre le train	pra(n)-dr le(r) tra(n)
cathedral	la cathédrale	la ka-tay-dral
cauliflower	le chou-fleur	le(r) shoo-fler
to celebrate	célébrer	say-lay-bray
cellar	la cave	la kav
cello	le violoncelle	le(r) vee-ol-o(n)-sel
to play the cello	jouer du violoncelle	zhoo-ay dew vee-ol-o(n) sel
cemetery	le cimetière	le(r) seem-tee-air
centimeter	le centimètre	le(r) sa(n)-tee-metr
chair	la chaise	la shayz
chairlift	le télésiège	le(r) tay-lay-see-ezh
chalk	la craie	la kray
change (money)	la monnaie	la mon-ay
Have you any small change?	Avez-vous de la petite monnaie?	avay-voo de(r) la pe(r)-teet mon-ay
to change money	changer de l'argent	sha(n)-zhay de(r) lar-zha(n)
channel (TV and radio)	la chaîne	la shayn
to chase	courir après	koo-reer a-pray
to chat	bavarder	bav-ar-day
check	le chèque	le(r) shek
to write a check	faire un chèque	fair a(n) shek
check-book	le carnet de chèques	le(r) kar-nay de(r) shek
to play checkers	jouer aux dames	zhoo-ay o dam
check-in	l'enregistrement (m)	la(n)-rezh-eest-re-ma(n)
checkout	la caisse	la kayss
cheek	la joue	la zhoo
cheerful	heureux (heureuse)	er-e(r) (er-erz)
cheese	le fromage	le(r) from-azh
chemistry	la chimie	la shee-mee
cherry	la cerise	la ser-eez
to play chess	jouer aux échecs	zhoo-ay oz-ay-shek
chest	la poitrine	la pwa-treen
chicken	le poulet	le(r) poo-lay
child	l'enfant (m)	la(n)-fa(n)
childhood	l'enfance (f)	la(n)-fa(n)ce
chimney	la cheminée	la she(r)-mee-nay
chin	le menton	le(r) ma(n)-to(n)
China	la Chine	la sheen
chocolate	le chocolat	le(r) shok-o-la
choir	le choeur	le(r) ker
Christmas	Noël	no-wel
Christmas carol	le chant de Noël	le(r) sha(n) de(r) no-wel
Christmas Day	le jour de Noël	le(r) zhoor de(r) no-wel
Christmas Eve	la veille de Noël	la vey de(r) no-wel
Merry Christmas	Joyeux Noël	zhwa-ye(r) no-wel
Christmas tree	le sapin de Noël	le(r) sa-pa(n) de(r) no-wel
chrysanthemum	le chrysanthème	le(r) kree-sa(n)-tem
church	l'église (f)	lay-gleez
circle	le cercle	le(r) serkl
city	la grande ville	la gra(n)d veel
to clap	applaudir	a-plod-eer
classroom	la salle de classe	la sal de(r) klass
claw	la griffe	la greef
clean	propre	propr
to clean your teeth	se brosser les dents	se(r) bross-ay lay da(n)
climate	le climat	le(r) klee-ma
to climb	grimper	gra(n)-pay
to climb (mountain climbing)	escalader	ays-kal-aday
to climb a tree	grimper un arbre	gra(m)-pay a-narbr
climber	l'alpiniste (m or f)	lal-peen-eest
clock	la pendule	la pa(n)-dewl
alarm clock	le réveil	le(r) ray-vaye
to close	fermer	fair-may
clothes, clothing	les vêtements (m)	lay vayt-ma(n)
clothes line	la corde à linge	la kord a la(n)zh
clothes pin	la pince à linge	la pa(n)ss a la(n)zh
cloud	le nuage	le(r) new-azh
coat	le manteau	le(r) ma(n)-to
coatroom	le vestiaire	le(r) vest-ee-air
coffee	le café	le(r) kaf-ay
coffee-pot	la cafetière	la kafe(r)-tee-air
coin	la pièce de monnaie	la pee-ayss de(r) mon-ay
cold	froid(e)	frwa
It's cold.	Il fait froid.	eel fay frwa
cold water	l'eau (f) froide	lo frwad
to have a cold	être enrhumé(e)	et-re(r) o(n)-rewm-ay
to collect	faire collection de	fair kol-ek-see-yo(n) de(r)
to collect stamps	faire collection de timbres	fair kol-ek-see-yon de(r) ta(m)br
collection	la collection	la kol-ek-see-yon
collection times (post)	les heures (f) de levée	layz er de(r) lev-ay
collision	la collision	la kol-ee-zee-yon
color	la couleur	la koo-ler
comb	le peigne	le(r) payn-ye(r)
to comb your hair	se peigner les cheveux	se(r) payn-yay lay she(r)-ve(r)
comic (book)	le journal illustré	le(r) zhoor-nal ee-lewst-ray
complexion	le teint	le(r) ta(n)
computer	l'ordinateur (m)	lord-ee-nat-er
computer studies	l'informatique (f)	la(n)-form-at-eek
conductor (orchestra) (m/f)	le chef d'orchestre	le(r) shef dor-kestr
cone	le cône	le(r) kon
to congratulate	féliciter	fay-lees-ee-tay
continent	le continent	le(r) co(n)-tee-na(n)
to cook	faire la cuisine	fair la kwee-zeen
cookie	le biscuit	le(r) bees-kwee
corner	le coin	le(r) kwa(n)
to cost	coûter	coo-tay
It costs...	Ça coûte...	sa coot
cottage	la chaumière	la shom-ee-air
cotton	le coton	le(r) kot-o(n)
cotton, made of cotton	en coton	a(n) kot-o(n)
counter	le comptoir	le(r) ko(m)-twar
country	le pays	le(r) pay-ee
countryside	la campagne	la ka(m)-pan-ye
cousin (m)	le cousin	le(r) kooz-a(n)
cousin (f)	la cousine	la kooz-een
cow	la vache	la vash
cowshed	l'étable (f)	lay-tabl
crab	le crabe	le(r) krab
to crawl, to do the crawl	nager le crawl	nazh-ay le(r) krawl
crayon	le crayon de couleur	le(r) kray-o(n) de(r) koo-ler
cream	la crème	la krem
credit card	la carte de crédit	la kart de(r) kray-dee
crew	l'équipage (m)	lay-keep-azh
crib	le lit d'enfant	le(r) lee da(n)-fa(n)
cross, angry	fâché(e)	fa-shay
to cross the street	traverser la rue	tra-ver-say la rew

crossing (sea)	la traversée	la tra-ver-say
crowd	la foule	la fool
to cry	pleurer	pler-ay
cup	la tasse	la tass
cupboard	le placard	le(r) pla-kar
to cure	guérir	gay-reer
curly	frisé(e)	free-zay
curly hair	les cheveux (m) frisés	lay she(r)-ve(r) free-zay
curtain	le rideau	le(r) ree-do
customer (m)	le client	le(r) klee-a(n)
customer (f)	la cliente	la klee-aunt
customs	la douane	la doo-ann
customs officer (m/f)	le douanier	le(r) doo-an-ee-ay
cut (wound)	la blessure	la bless-ewr

D

daffodil	la jonquille	la zho(n)-kee-ye(r)
daisy	la pâquerette	la pa-ker-ett
to dance	danser	da(n)-say
dance floor	la piste de danse	la peest de(r) da(n)s
dark (color)	foncé(e)	fo(n)-say
dark (complexion)	brun(e)	bra(n) (brewn)
It is dark.	Il fait nuit.	eel fay nwee
It is getting dark.	La nuit tombe.	la nwee to(m)b
date	la date	la dat
daughter	la fille	la fee-ye(r)
only daughter	la fille unique	la fee-ye(r) ew-neek
dawn	l'aube (f)	lobe
day, daytime, in the daytime	le jour	le(r) zhoor
the day after tomorrow	après-demain	a-pray-de(r)ma(n)
the day before yesterday	avant-hier	a-va(n)-teeyair
Dear...	Cher... (Chère...)	shair
Dear Sir/Madam	Monsieur/Madame,	me(r)-syur/ma-dam
death	la mort	la mor
December	décembre	day-sa(m)br
deck	le pont	le(r) po(n)
deep	profond(e)	pro-fo(n)
delicatessen	la charcuterie	la shar-kew-ter-ee
delicious	délicieux (délicieuse)	day-lee-see-ye(r) (day-lee-see-erz)
to deliver	distribuer	dees-tree-bew-ay
democratic	démocratique	day-mo-krat-eek
dentist (m/f)	le/la dentiste	le(r)/la da(n)-teest
department (in shop)	le rayon	le(r) ray-o(n)
department store	le grand magasin	le(r) gra(n) mag-az-a(n)
Departures	Départs (m. pl)	day-par
desert	le désert	le(r) day-zer
designer (m)	le dessinateur	le(r) day-seen-at-er
designer (f)	la dessinatrice	lay day-seen-at-rees
dessert, pudding	le dessert	le(r) day-ser
to dial 911	appeler police secours	apel-ay pol-ees se(r)-koor
diary	l'agenda (m)	lazh-a(n)-da
to die	mourir	moo-reer
different	différent(e)	dee-fer-e(n)

difficult	difficile	dee-fee-seel
to dig	creuser	kre(r)-zay
dining room	la salle à manger	la sal-a-ma(n)zhay
dirty	sale	sal
disc jockey	le disc jockey	le(r) disk-zhok-ee
discothèque	la boîte	la bwat
to go to a discothèque	aller dans une boîte	a-lay da(n)z ewn bwat
district	le quartier	le(r) kar-tee-ay
to dive	plonger	plo(n)-zhay
to divide	diviser	dee-vee-zay
divided by (math)	divisé par	dee-vee-zay par
diving board	le plongeoir	le(r) plo(n)-zhwar
to do	faire	fair
to do back-stroke	nager sur le dos	na-zhay sewr le(r) do
to do breast-stroke	nager la brasse	na-zhay la brass
to do the dishes	faire la vaisselle	fair la vay-sel
to do the gardening	faire le jardinage	fair le(r) zhar-deen-azh
to do odd jobs	bricoler	bree-kol-ay
docks, quay	le dock	le(r) dok
doctor (m/f)	le médecin	le(r) mayde(r)-sa(n)
dog	le chien	le(r) shee-a(n)
donkey	l'âne (m)	lan
door	la porte	la port
front door	la porte d'entrée	la port da(n)-tray
doorbell	la sonnette	la son-et
doormat	le paillasson	le(r) pa-yass-on(n)
double room	une chambre pour deux personnes	ewn sha(m)br poor de(r) per-son
doughnut	le beignet	le(r) ben-yay
down	en bas	a(n) ba
downstairs	en bas	a(n) ba
to go downstairs	descendre l'escalier	day-se(n)dr less-kal-ee-ay
dragonfly	la libellule	la lee-bell-ewl
to dream	rêver	ray-vay
dress	la robe	la rob
to get dressed	s'habiller	sa-bee-yay
to drink	boire	bwar
to drive	conduire	ko(n)-dweer
driver (m)	le chauffeur	le(r) sho-fer
to drop	laisser tomber	lay-say to(m)bay
drum	le tambour	le(r) ta(m)-boor
to play the drums	jouer du tambour	zhoo-ay dew ta(m)-boor
to dry, to wipe	essuyer	ay-swee-yay
to dry your hair	se sécher les cheveux	se(r) say-shay lay she(r)-ve(r)
to dry yourself	s'essuyer	ses-wee-yay
duck	le canard	le(r) kan-ar
dull	terne	tairn
dungarees	la salopette	la sal-o-pet
duty-free shop	le magasin hors-taxe	le(r) mag-az-a(n) or-taks

E

eagle	l'aigle (m)	lay-gle(r)
ear	l'oreille (f)	lor-aye
earrings	les boucles (f) d'oreille	lay bookl dor-aye
east	l'est (m)	lest
Easter	Pâques	pak
easy	facile	fa-seel
to eat	manger	ma(n)-zhay
to have eaten well	avoir bien mangé	awar bee-a(n) ma(n)-zhay

egg	l'oeuf (m) (pl: les oeufs)	lu(r)f (lay-ze(r))
eight	huit	weet
8 in the morning, 8 a.m.	huit heures du matin	weet er dew ma-ta(n)
8 in the evening, 8 p.m.	huit heures du soir	weet er dew swar
eighteen	dix-huit	dee-zweet
eighty	quatre-vingts	katr-va(n)
elbow	le coude	le(r) kood
election	l'élection (f)	lay-lek-see-o(n)
electricity	l'électricité (f)	lel-ek-tree-see-tay
elephant	l'éléphant (m)	lel-ay-fa(n)
elevator	l'ascenseur (m)	la-sa(n)-sir
eleven	onze	o(n)z
emergency, catastrophe	la catastrophe	la cat-ass-trof
emergency room	le service des urgences	le(r) ser-vees dez ewr-zha(n)s
to employ someone	engager quelqu'un	a(n)-gazhay kel-ka(n)
employee (m)	l'employé (m)	lom-ploy-ay
employee (f)	l'employée (f)	lom-ploy-ay
empty	vide	veed
to empty	vider	veed-ay
Encore!	Bis!	bees
to get engaged	se fiancer	se(r) fee-a(n)-say
engine (train)	la locomotive	la lok-o-mot-eev
English (language or subject)	l'anglais (m)	la(n)-glay
to enjoy, to like	beaucoup aimer	bo-koo ay-may
Enjoy your meal!	Bon appétit!	bo(n) a-pay-tee
to enjoy yourself, to have fun	bien s'amuser	bee-a(n) sam-ewz-ay
enormous	énorme	ay-norm
entrance	l'entrée (f)	la(n)-tray
no entry (road sign)	sens interdit (m)	so(n)s a(n)-ter-dee
envelope	l'enveloppe (f)	la(n)-vel-op
Equator	l'Equateur (m)	lay-kwa-ter
eraser	la gomme	la gom
escalator	l'escalier (m) roulant	lays-kal-ee-ay roo-la(n)
Europe	l'Europe (f)	ler-op
evening	le soir	le(r) swar
this evening	ce soir	se(r) swar
8 in the evening	huit heures du soir	weet dew dew swar
exam	l'examen (m)	lex-am-a(n)
to fail an exam	rater un examen	ra-tay o(n) ez-am-a(n)
to pass an exam	être reçu(e) à un examen	et-re(r) re(r)-su a on ex-am-a(n)
to take an exam	passer un examen	pa-say on ex-am-a(n)
exchange rate	le cours du change	le(r) koor dew sha(n)zh
to exercise	faire du keepfit	fair dew keep-fit
exercise book	le cahier	le(r) ka-yay
exhibition	l'exposition (f)	lex-poz-ee-see-o(n)
exit	la sortie	la sor-tee
expensive	cher (chère)	shair (shair)
It's expensive.	C'est cher.	say shair
eye	l'oeil (m) (pl: les yeux)	lu-ye (lay-zye(r))

F

fabric	le tissu	le(r) tee-sew
face	la figure	la fee-gewr
factory	l'usine (f)	lew-zeen
to fail an exam	rater un examen	ra-tay o(n) ex-am-a(n)
to faint	s'évanouir	say-van-weer
fair, blond	blond(e)	blo(n) (blo(n)d)
to fall asleep	s'endormir	sa(n)-dor-meer
false	faux (fausse)	fo (fos)
family	la famille	la fa-mee-ye(r)
famous	célèbre	say-laybr
far	loin	lwa(n)
far away from	loin de	lwa(n) de(r)
Is it far to (…)?	Est-ce que (…) est loin d'ici?	ay-se-ke . . . ay lwa(n) dee-see
fare	le prix de la course	le(r) pree de(r) la koors
farm	la ferme	la fairm
farmer (m)	le fermier	le(r) fairm-ee-ay
farmer (f), farmer's wife	la fermière	la fairm-ee-air
farmhouse	la ferme	la fairm
farmyard	la basse-cour	la bass-koor
fashionable	à la mode	a la mod
fast	rapide	ra-peed
Fasten your seatbelts.	Attachez vos ceintures.	a-ta-shay vo sa(n)-tewr
fat	gros(se)	gro (gros)
father	le père	le(r) pair
feather	la plume	la plewm
February	février	fev-ree-ay
to feed	donner à manger (à)	don-ay a ma(n)-zhay (a)
to feel better	se sentir mieux	se se(n)-teer mee-ye(r)
to feel ill	se sentir malade	se se(n)-teer mal-ad
ferry	le carferry	le(r) kar fair-ee
to fetch	aller chercher	a-lay sher-shay
field	le champ	le(r) sha(m)
fifteen	quinze	ka(n)z
the fifth (for dates only)	le cinq	le(r) sa(n)k
fifty	cinquante	sa(n)k-o(n)t
to fill	remplir	ro(m)-pleer
to fill up with gas	faire le plein	fair le(r) pla(n)
to have a filling	se faire plomber une dent	se(r) fair plo(m)-bay ewn da(n)
film (for camera)	la pellicule	la pel-ee-kewl
film (movie)	le film	le(r) feelm
It's fine.	Il fait beau.	eel fay bo
finger	le doigt	le(r) dwa
fir tree	le sapin	le(r) sa-pa(n)
fire	le feu	le(r) fe(r)
fire (emergency)	l'incendie (m)	la(n)-sa(n)-dee
fire engine	la pompe à incendie	la po(m)p a a(n)-sa(n)-dee
to fire someone	renvoyer quelqu'un	ro(n)-vwa-yay kel-ka(n)
fire station	la caserne de pompiers	la kaz-ern de(r) po(m)-pee-ay
fireman	le pompier	le(r) po(m)-pee-ay
fireplace	la cheminée	la she(r)-mee-nay

the first	le premier (f: la première)	le(r) prem-ee-ay (la prem-ee-air)
first class	première classe (f)	prem-ee-air klas
first floor	le premier étage	le(r) prem-ee-ay ay-tazh
first name	le prénom	le(r) pray-no(m)
fish	le poisson	le(r) pwa-so(n)
fish market	la poissonnerie	la pwa-son-er-ee
to go fishing	aller à la pêche	a-lay a la pesh
fishing boat	le bateau de pêche	le(r) ba-to de(r) pesh
fishing rod	la canne à pêche	la kan a pesh
to be fit	être en forme	et-re(r) a(n) form
five	cinq	sa(n)k
five past 10	dix heures cinq	dee-zer sa(n)k
flag	le drapeau	le(r) dra-po
flat tire	le pneu crevé	le(r) pne(r) krev-ay
flavor, taste	le goût	le(r) goo
to float	flotter	flot-ay
flock	le troupeau	le(r) troo-po
flood	l'inondation (f)	leen-o(n)-da-see-o(n)
floor	le plancher	le(r) pla(n)-shay
ground floor	le rez-de-chaussée	le(r) ray de(r) sho-say
second floor	le deuxième étage	le(r) de(r)-zee-em ay-tazh
florist (m/f)	le/la fleuriste	le(r)/la fler-eest
flour	la farine	la far-een
flower	la fleur	la fler
bunch of flowers	le bouquet de fleurs	le boo-kay de(r) fler
flowerbed	le parterre	le(r) par-ter
flowered (with flower pattern)	à fleurs	a fler
fly	la mouche	la moosh
to fly	voler	vol-ay
fog	le brouillard	le(r) broo-yar
It's foggy.	Il fait du brouillard.	eel fay dew broo-yar
to follow	suivre	sweevr
to be fond of	aimer bien	ay-may bee-a(n)
foot	le pied	le(r) pee-ay
forget-me-not	le myosotis	le(r) mee-o-zo-tees
fork (for eating)	la fourchette	la foor-shet
fork (for gardening)	la fourche	la foorsh
form	la fiche	la feesh
forty	quarante	kara(n)t
forwards	en avant	o(n) ava(n)
foundation cream	le fond de teint	le(r) fo(n) de(r) ta(n)
four	quatre	katr
the fourth (for dates only)	le quatre	le(r) katr
fourteen	quatorze	kat-orz
fox	le renard	le(r) ren-ar
fraction	la fraction	la frak-see-o(n)
France	la France	la fra(n)s
freckles	les taches (f) de rousseur	lay tash de(r) roo-sir
freight train	le train de marchandises	le(r) tra(n) de(r) mar-sha(n)-deez
French (language or subject)	le français	le(r) fra(n)-say
French stick or bread	la baguette	la bag-et
fresh	frais (fraîche)	fray (fraysh)

Friday	vendredi (m)	vo(n)dr-dee
fridge	le frigidaire	le(r) freezh-ee-dair
friend (m)	l'ami (m)	la-mee
friend (f)	l'amie (f)	la-mee
friendly	sympathique	sa(m)-pa-teek
frightened	effrayé(e)	ay-fray-yay
frog	la grenouille	la grenoo-ye(r)
front door	la porte d'entrée	la port da(n)-tray
frost	le gel	le(r) zhel
to frown	froncer les sourcils	fro(n)-say lay soor-see
frozen food	les produits (m) congelés	lay prod-wee co(n)-zhel-ay
to be frozen	être gelé(e)	et-re(r) zhelay
fruit	le fruit	le(r) frwee
fruit juice	le jus de fruit	le(r) zhew de(r) frwee
full	plein(e)	pla(n)
fully booked	complet	kom-play
to have fun	bien s'amuser	bee-a(n) sam-ew-zay
funeral	l'enterrement (m)	la(n)-ter-ma(n)
funny	drôle	drol
fur	la fourrure	la foor-ewr
furniture (furniture department)	ameublement (m)	amerb-le(r)-ma(n)
future	l'avenir (m)	laven-eer
in the future	à l'avenir	a laven-eer

G

galaxy	la galaxie	la gal-ax-ee
art gallery	la galerie	la gal-e(r)-ree
game	le jeu (pl: les jeux)	le(r) zhe(r) (lay zhe(r))
gangway	la passerelle	la pas-e(r)-rel
garage	le garage	le(r) gar-azh
garbage collector	le boueux	le(r) boo-e(r)
garden	le jardin	le(r) zhar-da(n)
garden shed	l'appentis (m)	la-pa(n)-tee
gardener (m)	le jardinier	le(r) zhar-deen-yay
to do the gardening	faire le jardinage	fair le(r) zhar-deen-azh
garlic	l'ail (m)	lie
gas	le gaz	le(r) gaz
gas (fuel)	l'essence (f)	lay-sa(n)s
gas station	la station-service	la stas-ee-o(n) ser-vees
to fill up with gas	faire le plein	fair le(r) pla(n)
gate	la barrière	la bar-ee-air
to gather speed	accélérer	ak-sel-air-ay
geography	la géographie	la zhay-og-ra-fee
geranium	le géranium	le(r) zhay-ran-ee-um
German (language or subject)	l'allemand (m)	lal-e(r)-ma(n)
Germany	l'Allemagne (f)	lal-e(r)-man-ye(r)
to get dressed	s'habiller	sa-bee-yay
to get engaged	se fiancer	se(r) fee-a(n)-say
to get married	se marier	se(r) mar-ee-ay
to get off (a bus or train)	descendre de	day-san(n)dr de(r)
to get on	monter dans	mo(n)-tay da(n)
to get undressed	se déshabiller	se(r) day-za-bee-yay

English	French	Pronunciation
to get up	se lever	se(r) le(r)-vay
giraffe	la girafe	la zheer-af
girl	la fille	la fee-ye(r)
to give	donner	don-ay
to give (a present)	offrir	off-reer
glass	le verre	le(r) vair
glasses, spectacles	les lunettes (f)	lay lewn-et
sunglasses	les lunettes (f) de soleil	lay lewn-et de(r) sol-ay
to wear glasses	porter des lunettes	por-tay day lewn-et
gloves	les gants (m)	lay ga(n)
to go	aller	a-lay
to go to bed	aller au lit	a-lay o lee
to go downstairs	descendre l'escalier	day-sa(n)dr less-kal-ee-yay
to go fishing	aller à la pêche	a-lay a la pesh
to go on vacation	aller en vacances	a-lay a(n) vak-a(n)ce
to go mountaineering	faire de l'alpinisme	fair de(r) lal-peen-eesm
to go to the movies	aller au cinéma	a-lay o sin-ay-ma
to go upstairs	monter l'escalier	mon-tay less-kal-ee-yay
to go for a walk	faire une promenade	fair ewn pro-men-ad
to go window-shopping	faire du lèche-vitrines	fair dew lesh-veet-reen
to go to work	aller travailler	a-lay tra-vie-yay
goal	le but	le(r) bewt
goalkeeper	le gardien de but	le(r) gar-dee-a(n) de(r) bewt
goat	la chèvre	la shayvr
gold	l'or (m)	lor
made of gold	en or	o(n) or
goldfish	le poisson rouge	le(r) pwa-so(n) roozh
golf club	le club de golf	le(r) klub de(r) golf
to play golf	faire du golf	fair dew golf
good	bon(ne)	bo(n) (bon)
Good luck!	Bonne chance.	bo(n) sha(n)ce
Good-morning	Bonjour	bo(n)-zhoor
good value	bon marché	bo(n) mar-shay
It's good value.	C'est bon marché.	say bo(n) mar-shay
It tastes good.	C'est très bon.	say tray bo(n)
Goodbye	Au revoir	o re(r)-vwar
Good-night	Bonne nuit	bon nwee
goose	l'oie (f)	lwa
gorilla	le gorille	le(r) gor-ee-ye(r)
government	le gouvernement	le(r) goov-ern-e(r)-ma(n)
grammar	la grammaire	la gram-air
granddaughter	la petite-fille	la pe(r)-teet fee-ye(r)
grandfather	le grand-père	le(r) gra(n)-pair
grandmother	la grand-mère	la gra(n)-mair
grandson	le petit-fils	le(r) pe(r)-tee-fees
grape	le raisin	le(r) ray-za(n)
grass	l'herbe (f)	lairb
Great Britain	la Grande-Bretagne	la gran(n)d-bret-an-ye(r)
green	vert(e)	vair
greenhouse	la serre	la sair
grey	gris(e)	gree
grocery shop	l'épicerie	lay-pees-e(r)-ree
ground floor	le rez-de-chaussée	le(r) ray de(r) sho-say
to growl	gronder	gro(n)-day
guard	le chef de train	le(r) shef de(r) tra(n)
guest (m)	l'invité (m)	la(n)-veet-ay
guest (f)	l'invitée (f)	la(n)-veet-ay
guest house, boarding house	la pension	la pa(n)-see-o(n)
guinea pig	le cochon d'Inde	le(r) kosh-o(n) da(n)d
guitar	la guitare	la gee-tar
to play the guitar	jouer de la guitare	zhoo-ay de(r) la geetar
gymnastics	la gymnastique	la zheem-nast-eek

H

English	French	Pronunciation
hail	la grêle	la grel
to hail a taxi	appeler un taxi	a-pel-ay a(n) taks-ee
hair	les cheveux (m)	lay she(r)-ve(r)
to have (...) color hair	avoir les cheveux (...)	avwar lay she(r)-ve(r)
hairdresser (m), hairdresser's	le coiffeur	le(r) kwaf-er
hairdresser (f), hairdresser's	la coiffeuse	la kwaf-erz
hairdrier	le séchoir à cheveux	le(r) say-shwar a she(r)-ve(r)
a half	un demi	a(n) de(r)-mee
half a kilo	une livre	ewn leevr
half a liter	un demi-litre	a(n) de(r)-mee-leetr
half past 10	dix heures et demie	deez er ay de(r)-mee
ham	le jambon	le(r) zha(m)-bo(n)
hammer	le marteau	le(r) mar-to
hamster	le hamster	le(r) am-stair
hand	la main	la ma(n)
handbag	le sac à main	le(r) sak a ma(n)
hand luggage	les baggages à main	lay bagazh a ma(n)
handsome	beau (belle)	bo (bell)
to hang on to	s'accrocher	sak-rosh-ay
to hang up (telephone)	raccrocher	ra-krosh-ay
happy	heureux (heureuse)	er-e(r) (er-erz)
to be happy	être heureux (heureuse)	et-re(r) er-e(r) (er-erz)
Happy birthday	Bon anniversaire	bo(n) a-nee-vair-sair
Happy New Year	Bonne année	bon a-nay
hard	dur(e)	dewr
hard-working	travailleur (travailleuse)	trav-ay-yer (trav-ay-yerz)
to harvest	faire la moisson	fair la mwa-so(n)
hat	le chapeau	le(r) sha-po
Have you any small change?	Avez-vous de la petite monnaie?	a-vay voo de(r) la pe(r)teet mo-nay
to have	avoir	avwar
to have a bath	prendre un bain	pra(n)dr a(n) ba(n)
to have a breakdown	tomber en panne	tom-bay a(n) pan
to have a cold	être enrhumé(e)	et-re(r) o(n)-rew-may
to have (...) color hair	avoir les cheveux (...)	avwar lay she(r)-ve(r)
to have a filling	se faire plomber une dent	se(r) fair plo(m)-bay ewn da(n)
to have a flat tire	avoir un pneu crevé	avwar a(n) pne(r) kre(r)-vay
to have fun	bien s'amuser	bee-a(n) sam-ew-zay
to have a shower	prendre une douche	pra(n)dr ewn doosh
to have stomach ache	avoir mal au ventre	avwar mal o va(n)tr
to have a temperature	avoir de la fièvre	avwar de(r) la fee-ayvr

to have toothache	avoir mal aux dents	avwar mal o da(n)
Having a lovely time.	Nous nous amusons beaucoup.	noo nooz am-ew-zo(n) bo-koo
hay	le foin	le(r) fwa(n)
haystack	la meule de foin	la me(r)l de(r) fwa(n)
head	la tête	la tet
to have a headache	avoir mal à la tête	avwar mal a la tet
headband	le bandeau	le(r) ba(n)-do
headlight	le phare	le(r) far
headline	le gros titre	le(r) gro teetr
headmaster	le directeur	le(r) dee-rek-ter
headmistress	la directrice	la dee-rek-trees
headphones	les écouteurs (m)	layz-ay-koo-ter
healthy	en bonne santé	o(n) bon sa(n)-tay
heavy	lourd(e)	loor (loord)
to be heavy	peser lourd	pe(r)-zay loor
hedgehog	le hérisson	le(r) ay-ree-so(n)
heel	le talon	le(r) ta-lo(n)
height	la hauteur	la ot-er
Hello	Bonjour	bo(n)-zhoor
Hello (on phone)	Allô	a-lo
to help	aider	aid-ay
Help yourselves!	Servez-vous.	sair-vay voo
Can I help you?	Vous désirez?	voo day-zee-ray
hen	la poule	la pool
henhouse	le poulailler	le(r) pool-aye-yay
herbs	les herbes (f) aromatiques	layz-erb arom-at-eek
hero	le héros	le(r) ay-ro
heroine	l'héroïne (f)	lair-o-een
to hide	se cacher	se(r) kash-ay
hill	la colline	la kol-een
hippopotamus	l'hippopotame (m)	leep-o-pot-am
His name is…	Il s'appelle…	eel sa-pel
history	l'histoire (f)	lees-twar
hold (ship's)	la cale	la kal
to hold	tenir	te(n)-eer
honey	le miel	le(r) mee-el
honeymoon	le voyage de noces	le(r) voy-azh de(r) noss
hood (of car)	le capot	le(r) ka-po
hook (for fishing)	le hameçon	le(r) am-so(n)
horn	le klaxon	le(r) klak-so(n)
horse	le cheval	le(r) she(r)-val
horse racing	les courses (f) hippiques	lay koors eep-eek
hospital	l'hôpital (m)	lop-ee-tal
hot	chaud(e)	sho
hot water	l'eau (f) chaude	lo shode
I'm hot.	J'ai chaud.	zhay sho
hotel	l'hôtel (m)	lo-tel
to stay in a hotel	rester à l'hôtel	ray-stay a lo-tel
hour	l'heure (f)	ler
house	la maison	la may-zo(n)
How are you?	Comment allez-vous?	kom-a(n)-tal-ay-voo
how much…?	combien…?	kom-bee-a(n)
How much do I owe you?	Combien je vous dois?	kom-bee-a(n) zhe(r) voo dwa
How much is…?	Combien coûte…?	kom-bee-a(n) koot
How old are you?	Quel âge as-tu?	kel azh a tew
hump	la bosse	la boss
a hundred	cent	sa(n)
to be hungry	avoir faim	avwar fa(m)
to hurry	se dépêcher	se(r) day-pesh-ay
husband	le mari	le(r) mar-ee

I

I agree	D'accord.	dak-or
I am sending (…) separately.	Je t'envoie (…) séparément.	zhe(r) to(n)-vwa say-par-ay-mo(n)
I'll call you back.	Je te rappellerai.	zhe(r) te(r) ra-pel-er-ay
I would like…	Je voudrais…	zhe(r) voo-dray
I'm nineteen.	J'ai dix-neuf ans.	zhay deez-ne(r)f a(n)
ice-cream	la glace	la glass
icicle	le glaçon	le(r) glass-o(n)
ill	malade	ma-lad
to feel ill	se sentir malade	se(r) sa(n)-teer ma-lad
important	important(e)	am-port-a(n)
in (for sports)	in	een
in	dans	da(n)
in focus	au point	o pwa(n)
in front of	devant	de(r)-va(n)
in the future	à l'avenir	a laven-eer
India	l'Inde (f)	la(n)d
indicator	le clignotant	le(r) klee-nyo-ta(n)
ingredient	les ingrédients (m)	layz a(n)-gray-dee-o(n)
injection	la piqûre	la peek-ewr
instrument	l'instrument (m)	la(n)-strew-ma(n)
inter-city train	le rapide	le(r) ra-peed
interesting	intéressant(e)	a(n)-tay-ress-a(n)
to interview	interviewer	a(n)-ter-view-vay
into	dans	da(n)
to introduce	présenter	pray-sa(n)-tay
to invite	inviter	a(n)-vee-tay
to iron	repasser	re(r)-pass-ay
Is it far to (…)?	Est-ce que (…) est loin d'ici?	ay-se(r)-ke(r) ay lwa(n) dee-see
Is service included?	Service compris?	sair-vees kom-pree
It costs…	Ça coûte…	sa koot
It is getting light.	Il commence à faire jour.	eel kom-a(n)ce a fair zhoor
It is light.	Il fait jour.	eel fay zhoor
It is 1 o'clock.	Il est une heure.	eel ay ewn er
It is 3 o'clock.	Il est trois heures.	eel ay trwaz-er
It's…	C'est…	say
It's cold.	Il fait froid.	eel fay frwa
It's expensive.	C'est cher.	say shair
It's fine.	Il fait beau.	eel fay bo
It's foggy.	Il fait du brouillard.	eel fay dew broo-yar
It's good value.	C'est bon marché.	say bo(n) marsh-ay
It's raining.	Il pleut.	eel ple(r)
It's ready. (for meal)	A table!	a tabl
It's snowing.	Il neige.	eel nayzh
It's windy.	Il fait du vent.	eel fay dew va(n)
It was lovely to hear from you.	J'ai été très content(e) d'avoir de tes nouvelles.	zhay ay-tay tray co(n)-ta(n)-ta(n) da-vwar de(r) tay noo-vel
Italy	l'Italie (f)	lee-tal-ee

J

| jacket | le blouson | le(r) bloo-zo(n) |
| jam | la confiture | la kon-fee-tewr |

117

English	French	Pronunciation
January	janvier	zha(n)-vee-yay
Japan	le Japon	le(r) zha-po(n)
jeans	le jean	le(r) zheen
jewelry	les bijoux (m)	lay bee-zhoo
job, profession	le métier	le(r) may-tee-ay
to jog	faire du jogging	fair dew jogging
to join	s'inscrire à	sa(n)s-kreer a
journalist (m/f)	le/la journaliste	le(r)/la zhoor-nal-eest
judge (m/f)	le juge	le(r) zhewzh
juice	le jus	le(r) zhew
fruit juice	le jus de fruit	le(r) zhew de(r) frwee
July	juillet	zhwee-yay
June	juin	zhwa(n)
jungle	la jungle	la zhu(n)gl

K

English	French	Pronunciation
kangaroo	le kangourou	le(r) kang-oo-roo
to keep an eye on	surveiller	sewr-vay-yay
kennel	la niche	la neesh
keyboard	le clavier	le(r) klav-ee-yay
kilo	un kilo	o(n) kee-lo
A kilo of...	Un kilo de...	o(n) kee-lo de(r)
Half a kilo of...	Une livre de...	ewn leevr de(r)
to kiss	faire la bise à	fair la beez a
kitchen	la cuisine	la kwee-zeen
kitten	le chaton	le(r) sha-to(n)
knee	le genou	le(r) zhen-oo
to kneel down	s'agenouiller	sa-zhen-oo-yay
to be kneeling	être à genoux	et-re(r) a zhen-oo
knife	le couteau	le(r) koo-to
to knit	tricoter	tree-kot-ay
knitting needles	les aiguilles (f) à tricoter	layz ay-gwee-ye a tree-kot-ay
to knock over	renverser	ra(n)-vers-ay

L

English	French	Pronunciation
label	l'étiquette (f)	let-ee-ket
laborer, worker	l'ouvrier (m)	loo-vree-yay
ladder	l'échelle (f)	lay-shel
lake	le lac	le(r) lak
lamb	l'agneau (m)	la(n)-yo
lamp	la lampe	la la(m)p
bedside lamp	la lampe de chevet	la la(m)p de(r) she(r)-vay
to land	atterrir	a-ter-eer
landlady	la propriétaire	la prop-ree-ay-tair
landlord	le propriétaire	le(r) prop-ree-ay-tair
landscape	le paysage	le(r) pay-zazh
large (clothes size)	grand	gra(n)
last	dernier (dernière)	der-nee-ay (der-nee-air)
late	en retard	o(n) re(r)-tar
to be late	être en retard	et-re(r) o(n) re(r)-tar
to laugh	rire	reer
to burst out laughing	éclater de rire	ay-klat-ay de(r) reer
lawn	la pelouse	la pel-ooz
lawnmower	la tondeuse	la to(n)-derz

English	French	Pronunciation
lawyer (m/f)	l'avocat (m)	la-vo-ka
to lay eggs	pondre des oeufs	po(n)dr dayz e(r)
lazy	paresseux (paresseuse)	par-ayss-e(r) (par-ayss-erz)
leader (m/f)	le chef	le(r) shef
leaf	la feuille	la fe(r)-ye(r)
to lean on	s'appuyer sur	sa-pwee-yay sewr
to learn	apprendre	a-pre(n)dr
left luggage office	la consigne	la ko(n)-seen-ye(r)
on the left	à gauche	a goshe
left, left side	le côté gauche	le(r) ko-tay goshe
left wing, the left	la gauche	la goshe
leg	la jambe	la zha(m)b
leg of lamb	le gigot d'agneau	le(r) gee-go da(n)-yo
lemon	le citron	le(r) see-tro(n)
length	la longueur	la lo(n)-ger
lesson	le cours	le(r) koor
letter	la lettre	la letr
letter of alphabet	la lettre	la letr
letter box	la boîte aux lettres	la bwat o letr
liberal (politics)	le centre	le(r) sa(n)-tr
library	la bibliothèque	la beeb-lee-o-tek
license plate	la plaque d'immatriculation	la plak dee-mat-rik-ew-las-ee-o(n)
to lie down	s'allonger	sa-lonzh-ay
life	la vie	la vee
lifeguard	le maître nageur	le(r) may-tr nazh-er
light (weight)	léger (légère)	lay-zhay (lay-zhair)
to be light (weight)	peser peu	pe(r)-zay pe(r)
light	la lumière	la lewm-ee-air
It is light.	Il fait jour.	eel fay zhoor
It is getting light.	Il commence à faire jour.	eel kom-a(n)s a fair zhoor
lightning	la foudre	la foodr
to line up	faire la queue	fair la ke(r)
liner	le paquebot	le(r) pa-ke(r)-bo
lion	le lion	le(r) lee-o(n)
lip	la lèvre	la layvr
lipstick	le rouge à lèvres	le(r) roozh a layvr
list	la liste	la leest
to make a list	faire une liste	fair ewn leest
to listen	écouter	ay-koo-tay
to listen to music	écouter la musique	ay-koo-tay la mew-seek
to listen to the radio	écouter la radio	ay-koo-tay la ra-dee-o
liter	le litre	le(r) leetr
half a liter	un demi-litre	a(n) de(r)-mee-leetr
to live	habiter	a-bee-tay
to live in a house	habiter une maison	a-bee-tay ewn may-zo(n)
lively	plein(e) d'entrain	pla(n) da(n)-tra(n)
living room	le salon	le(r) sa-lo(n)
to load	charger	shar-zhay
long	long (longue)	lo(n) (lo(n)-g)
to look at	regarder	re(r)-gar-day
to look for	chercher	sher-shay
loose (not tight)	large	larzh
to lose	perdre	perdr
loudspeaker	le haut-parleur	le(r) o-par-ler
Love from... (end of letter)	Bons baisers,	bo(n) bay-zay
to love	aimer	ay-may
lovely, beautiful	beau (belle)	bo (bel)
luck	la chance	la sha(n)ce
Good luck	Bonne chance	bon sha(n)ce
luggage cart	le chariot	le(r) shar-ee-o

English	French	Pronunciation
luggage-rack	le filet	le(r) fee-lay
lullaby	la berceuse	la bear-serz
lunch	le déjeuner	le(r) day-zhe(r)-nay
lunch hour	l'heure (f) du déjeuner	ler dew day-zhe(n)-nay
to be lying down	être allongé(e)	et-re(r) a-lo(n)zh-ay

M

English	French	Pronunciation
made of metal	en métal	a(n) may-tal
made of plastic	en plastique	a(n) plas-teek
magazine	le magazine	le(r) mag-a-zeen
mail	le courrier	le(r) koor-ee-ay
to mail	mettre à la poste	metr a la post
mailbox	la boîte aux lettres	la bwat o letr
airmail	par avion	par av-ee-o(n)
main course	le plat principal	le(r) pla pra(n)-see-pal
main road, road	la route	la root
to make	faire	fair
to make a list	faire une liste	fair ewn leest
to make a telephone call, to dial	composer le numéro	kom-poz-ay le(r) new-may-ro
to make, to manufacture	fabriquer	fab-reek-ay
to put on make-up	se maquiller	se(r) ma-keyay
man	l'homme (m)	lom
map	la carte	la kart
March	mars	mars
margarine	la margarine	la mar-gar-een
market	le marché	le(r) mar-shay
market place	la place du marché	la plas dew mar-shay
to shop at the market	faire le marché	fair le(r) mar-shay
market stall	l'étalage	lay-tal-azh
marriage	le mariage	le(r) mar-ee-azh
to get married	se marier	se(r) mar-ee-ay
mascara	le mascara	le(r) mas-kar-a
math	les maths (f)	lay mat
May	mai	may
meadow	la prairie	la pray-ree
measure	mesurer	me(r)-zew-ray
meat	la viande	la vee-a(n)d
mechanic (m)	le mécanicien	le(r) may-kan-ees-ee-a(n)
mechanic (f)	la mécanicienne	la may-kan-ees-ee-ayn
the media	les medias (m)	lay may-dee-a
medium (clothes size)	moyen	mo-ya(n)
to meet	rencontrer	ra(n)-ko(n)-tray
melon	le melon	le(r) me(r)-lo(n)
member (m/f)	le membre	le(r) ma(m)br
member of parliament (m/f)	le député	le(r) day-pew-tay
to mend	réparer	ray-par-ay
to mend (clothing)	racommoder	ray-kom-od-ay
menu	la carte	la kart
merry-go-round	le manège	le(r) man-ayzh
metal	le métal	le(r) may-tal
made of metal	en métal	o(n) may-tal
meter	le mètre	le(r) may-tr
to mew	miauler	mee-o-lay
midday	midi	mee-dee
midnight	minuit	mee-nwee

English	French	Pronunciation
milk	le lait	le(r) lay
to milk the cows	traire les vaches	trair lay vash
a million	un million	a(n) mee-lee-yo(n)
mineral water	l'eau (f) minérale	lo mee-nay-ral
minus (math)	moins	mwa(n)
minute	la minute	la mee-newt
mirror	la glace	la glas
miserable	malheureux (malheureuse)	mal-er-e(r) (mal-er-erz)
to miss the train	manquer le train	ma(n)-kay le(r) tra(n)
to mix	mélanger	may-la(n)-zhay
model (m/f)	le mannequin	le(r) man-e(r)-ka(n)
mole	la taupe	la toep
Monday	lundi (m)	lo(n)-dee
money	l'argent (m)	lar-zha(n)
to change money	changer de l'argent	sha(n)-zhay de(r) lar-zha(n)
to put money in the bank	mettre de l'argent en banque	metr de(r) lar-zhan a(n) ba(n)k
to take money out	retirer de l'argent	re(r)-tee-ray de(r) lar-zhan(n)
monkey	le singe	le(r) sa(n)zh
month	le mois	le(r) mwa
moon	la lune	la lewn
moped	la mobylette	la mo-bee-let
morning, in the morning	le matin	le(r) ma-ta(n)
8 in the morning, 8 a.m.	huit heures du matin	weet er dew ma-ta(n)
this morning	ce matin	se(r) ma-tan
mosquito	le moustique	le(r) moos-teek
mother	la mère	la mair
motor racing	les courses (f) d'auto	lay koors do-to
motorbike	la moto	la mo-to
motorway	l'autoroute (f)	lo-to-root
mountain	la montagne	la mo(n)-tan-ye(r)
mountaineering	l'alpinisme (m)	lal-peen-eesm
to go mountaineering	faire de l'alpinisme	fair de(r) lal-peen-eesm
mouse	la souris	la soo-ree
moustache	la moustache	la moos-tash
to have a moustache	porter la moustache	por-tay la moos-tash
mouth	la bouche	la boosh
to move in	emménager	um-ay-nazh-ay
to move out	déménager	day-may-nazh-ay
movie(s)	le cinéma	le(r) see-nay-ma
to go to the movies	aller au cinéma	alay o see-nay-ma
to mow the lawn	tondre la pelouse	to(n)dr la pe(r)-looz
to multiply	multiplier	mewl-tee-plee-ay
music	la musique	la mew-zeek
classical music	la musique classique	la mew-zeek klass-eek
pop music	la musique pop	la mew-zeek pop
musician (m)	le musicien	le(r) mew-zees-ee-ye(n)
musician (f)	la musicienne	la mew-zees-ee-yen
mustard	la moutarde	la moo-tard
My name is…	Je m'appelle…	zher(r) ma-pel

N

English	French	Pronunciation
naked	nu(e)	new
name	le nom	le(r) no(m)
first name	le prénom	le(r) pray-no(m)

119

English	French	Pronunciation
surname	le nom de famille	le(r) no(m) de(r) fa-mee-ye
His name is...	Il s'appelle...	eel sa-pel
My name is...	Je m'appelle...	zhe(r) ma-pel
What's your name?	Comment t'appelles-tu?	kom-a(n) ta-pel-tew
napkin	la serviette de table	la ser-vee-et de(r) tabl
narrow	étroit(e)	ay-trwa
naughty	méchant	may-sha(n)
navy blue	bleu(e) marine	ble(r) mar-een
near	prés de	pray de(r)
neck	le cou	le(r) koo
necklace	le collier	le(r) kol-ee-ay
needle	l'aiguille (f)	lay-gwee-ye
needlecraft shop	la mercerie	la mair-se(r)-ree
neighbor (m)	le voisin	le(r) vwa-sa(n)
neighbor (f)	la voisine	la vwa-seen
nephew	le neveu	le(r) ne(r)-ve(r)
nest	le nid	le(r) nee
net (tennis court)	le filet	le(r) fee-lay
net (fishing)	le filet	le(r) fee-lay
Netherlands	les Pays-Bas (m)	lay pay-ee-ba
new	neuf (neuve)	ne(r)f (ner)v)
New Year's Day	le jour de l'An	le(r) zhoor de(r) la(n)
New Year's Eve	le Réveillon	le(r) ray-vay-yo(n)
Happy New Year	Bonne année	bon a-nay
New Zealand	la Nouvelle-Zélande	la noo-vel zay-la(n)d
news	les informations (f)	layz a(n)-for-mas-yo(n)
newspaper	le journal	le(r) zhoor-nal
newspaper stand	le kiosque	le(r) key-osk
next	prochain(e)	prosh-a(n)
the next day	le lendemain	le(r) la(n)-de(r)-ma(n)
next Monday	lundi prochain	lo(n)-dee prosh-a(n)
next week	la semaine prochaine	la se(r)-mayn prosh-ayn
nice	gentil(le)	zha(n)-tee (zha(n)-tee-ye(r))
niece	la nièce	la nee-ays
night, at night	la nuit	la nwee
nightgown	la chemise de nuit	la she(r)-meez de(r) nwee
nine	neuf	ne(r)f
911 call	appeler police secours	a-pel-ay po-leess se(r)-koor
nineteen	dix-neuf	deez-ne(r)f
ninety	quatre-vingt-dix	katr-va(n)-deece
no	non	no(n)
no entry (road sign)	sens interdit	sa(n)s a(n)-ter-dee
no parking	stationnement interdit	stas-ee-on-ma(n) a(n)-ter-dee
No smoking	Non-fumeurs	no(n)-few-mer
noisy	bruyant(e)	brew-ya(n)
noodles	les nouilles (f)	lay noo-ye(r)
north	le nord	le(r) nor
North Pole	le Pôle Nord	le(r) pol nor
nose	le nez	le(r) nay
nothing	rien	ree-a(n)
Nothing to declare	Rien à déclarer	ree-a(n) a day-klar-ay
novel	le roman	le(r) rom-a(n)
November	novembre	nova(m)br
now, nowadays	de nos jours	de(r) no zhoor
nurse (m), male nurse	l'infirmier (m)	la(n)-feerm-ee-ay
nurse (f)	l'infirmière (f)	la(n)-feerm-ee-air

O

English	French	Pronunciation
oak tree	le chêne	le(r) shayn
oar	la rame	la ram
obedient	obéissant(e)	o-bay-ees-a(n)
It is one o'clock.	Il est une heure.	eel ayt-ewn er
It is 3 o'clock.	Il est trois heures.	eel ay trwaz-er
October	octobre	ok-tobr
office	le bureau	le(r) bewr-o
offices, office block	les bureaux (m)	lay bew-ro
oil (engine/food)	l'huile (f)	lweel
old	vieux (vieille)	vee-e(r) (vee-aye)
old-fashioned	vieux-jeu	vee-e(r)-zhe(r)
old age	la vieillesse	la vee-aye-ess
older than	plus âgé(e) que	plewz azhay ke(r)
on	sur	sewr
on time	à l'heure	a ler
one	un (f: une)	a(n) (ewn)
onion	l'oignon (m)	lon-yo(n)
open	ouvert(e)	oo-vair
to open	ouvrir	oo-vreer
to open a letter	ouvrir une lettre	oo-vreer ewn letr
to open the curtains	tirer les rideaux	tee-ray lay ree-do
opera	l'opéra (f)	lop-ay-ra
operating theatre	la salle d'opération	la sal dop-ay-ra-see-o(n)
operation	l'opération (f)	lop-ay-ra-see-o(n)
opposite	en face de	a(n) fas de(r)
orange (color)	orange	or-a(n)zh
orange (fruit)	l'orange (f)	lor-a(n)zh
orchard	le verger	le(r) vair-zhay
orchestra	l'orchestre (m)	lor-kestr
to order	commander	kom-a(n)-day
ostrich	l'autruche (f)	lo-trewsh
out (for sports)	out	out
out of	hors de	or de(r)
out of focus	flou(e)	floo
oven	le four	le(r) foor
over	par dessus	par de(r)-sew
overtime	les heures (f) supplémentaires	layz er sew-play-ma(n)-tair
owl	le hibou	le(r) ee-boo

P

English	French	Pronunciation
Pacific Ocean	le Pacifique	le(r) pa-see-feek
to pack	faire sa valise	fair sa val-eez
package	le colis	le(r) kol-ee
packet	le paquet	le(r) pa-kay
to paddle	barboter	bar-bot-ay
paint	la peinture	la pa(n)-tewr
to paint	peindre	pa(n)dr
painter	l'artiste (m/f)	lar-teest
painting	le tableau	le(r) tab-lo
pajamas	le pyjama	le(r) pee-zham-a
pale	pâle	pale(r)
panties	le slip	le(r) sleep
paper	le papier	le(r) pa-pee-ay
paper money	le billet	le(r) bee-yay

English	French	Pronunciation
paperback	le livre de poche	le(r) leevr de(r) posh
parents	les parents (m)	lay par-a(n)
park	le parc	le(r) park
park keeper	le gardien	le(r) gar-dee-ya(n)
to park	garer la voiture	ga-ray la vwa-tewr
no parking	stationnement interdit	stas-ee-on-e(r)-ma(n) a(n)-ter-dee
parliament	le parlement	le(r) par-le(r)-ma(n)
parrot	la perruche	la per-ewsh
party (celebration)	la fête	la fayt
party (political)	le parti	le(r) par-tee
to pass an exam	être reçu(e) à un examen	et-re(r) re(r)-sew a an-ex-ama(n)
to pass (in car)	doubler	doo-blay
passenger (m)	le passager	le(r) pas-azh-ay
passenger (f)	la passagère	la pas-azh-air
passport	le passeport	le(r) pas-por
past	le passé	le(r) pas-ay
in the past	autrefois	otre(r)-fwa
pasta	les pâtes	lay pate(r)
pastry	la pâtisserie	la pa-tee-ser-ee
paté	le pâté	le(r) pa-tay
path (in garden or park)	l'allée (f)	lal-ay
path	le sentier	le(r) sa(n)-tee-ay
patient (m)	le blessé	le(r) bles-ay
patient (f)	la blessée	la bles-ay
pattern	le patron	le(r) pa-tro(n)
pavement	le trottoir	le(r) trot-war
paw	la patte	la pat
PE	la gymnastique	la zheem-nast-eek
pea	le petit pois	le(r) pe(r)-tee pwa
peaceful	paisible	pay-zeebl
peach	la pêche	la pesh
pear	la poire	la pwar
pedestrian (m)	le piéton	le(r) pee-ay-to(n)
pedestrian (f)	la piétonne	la pee-ayton
pedestrian crossing	le passage clouté	le(r) pas-azh kloo-tay
pen	le stylo	le(r) stee-lo
ball-point pen	le stylo-bille	le(r) stee-lo-bee-ye
pencil	le crayon	le(r) kray-yo(n)
pencil case	la trousse	la troos
penguin	le pingouin	le(r) pa(n)-goo-a(n)
pepper	le poivre	le(r) pwavr
to perch	se percher	se(r) per-shay
perfume	le parfum	le(r) par-fu(m)
period	le point	le(r) pwa(n)
petticoat, slip	le jupon	le(r) zhew-po(n)
pharmacy	la pharmacie	la far-ma-see
photo, photograph	la photo	la fo-to
to take a photograph	prendre une photo	pra(n)dr ewn fo-to
photographer (m/f)	le photographe	le(r) fo-to-graf
photography	la photographie	la fo-to-graf-ee
physics	la physique	la fee-zeek
piano	le piano	le(r) pee-an-o
to play the piano	jouer du piano	zhooay dew pee-an-o
to pick	cueillir	ke(r)-yeer
to pick flowers	cueillir des fleurs	ke(r)-yeer day fler
to pick up	ramasser	ram-as-ay
to pick up the receiver	décrocher	day-krosh-ay
picnic	le pique-nique	le(r) peek-neek
pig	le cochon	le(r) kosh-o(n)
pigeon	le pigeon	le(r) pee-zho(n)
pill	le comprimé	le(r) ko(m)-pree-may
pillow	l'oreiller (m)	lor-ay-yay
pilot (m/f)	le pilote	le(r) pee-lot
pin	l'épingle (f)	lay-pa(n)gl
pink	rose	roz
to pitch a tent	dresser une tente	dress-ay ewn ta(n)t
pitcher	le pot	le(r) po
planet	la planète	la plan-et
plate	l'assiette (f)	las-ee-yet
to plant	planter	pla(n)-tay
plastic	le plastique	le(r) plas-teek
made of plastic	en plastique	a(n) plas-teek
platform (station)	le quai	le(r) kay
platform ticket	le ticket de quai	le tee-kay de(r) kay
play (theatre)	la pièce de théâtre	la pee-ays de(r) tay-atr
to play , to play (an instrument)	jouer	zhoo-ay
to play cards	jouer aux cartes	zhoo-ay o kart
to play checkers	jouer aux dames	zhoo-ay o dam
to play chess	jouer aux échecs	zhoo-ay oz ay-shek
to play golf	faire du golf	fair dew golf
to play soccer	jouer au football	zhoo-ay o foot-bol
to play squash	jouer au squash	zhoo-ay o skwash
to play tennis	jouer au tennis	zhoo-ay o ten-ees
player (m)	le joueur	le(r) zhoor-er
player (f)	la joueuse	la zhoo-erz
playful	fou-fou	foo-foo
playground	la cour de récréation	la koor de(r) ray-kray-a-see-o(n)
Please find enclosed…	Veuillez trouver ci-joint…	ve(r)-yay troo-vay see-zhwa(n)
pleased with	content(e) de	ko(n)-ta(n) de(r)
to plow	labourer	la-boor-ay
plug (electric)	la prise	la preez
plug (bath or sink)	le bouchon	le(r) boo-sho(n)
plum	la prune	la prewn
plumber (m/f)	le plombier	le(r) plo(m)-bee-ay
plus (math)	plus	plews
pocket	la poche	la posh
poetry	la poésie	la po-ay-zee
polar bear	l'ours (m) blanc	loors bla(n)
police	la police	la po-lees
police car	la voiture de police	la vwa-tewr de(r) po-lees
police station	le commissariat de police	le(r) kom-ee-sar-ee-a de(r) po-lees
policeman, policewoman	l'agent (m) de police	lazha(n) de(r) polees
polite	poli(e)	po-lee
politics	la politique	la pol-ee-teek
pond	le bassin	le(r) bas-a(n)
popular	populaire	pop-ew-lair
pork chop	la côte de porc	la kot de(r) por
port	le port	le(r) por
porter	le porteur	le(r) por-ter
porthole	le hublot	le(r) ew-blo
post office	la poste	la post
postcard	la carte postale	la kart pos-tal
postman/woman	le facteur	le(r) fak-ter
potato	la pomme de terre	la pom de(r) tair
to pour	verser	ver-say
powerboat	le hors-bord	le(r) or-bor
prescription	l'ordonnance (f)	lor-don-a(n)ce
present (now)	le présent	le(r) pray-za(n)
present (gift)	le cadeau	le(r) ka-do
president (m/f)	le président	le(r) pray-zee-da(n)
pretty	joli(e)	zho-lee

121

[See above table]

price	le prix	le(r) pree
prime minister (m/f)	le premier ministre	le(r) pre(r)-mee-ay mee-neestr
program	l'émission (f)	lay-mee-see-o(n)
pudding	le dessert	le(r) day-ser
puddle	la flaque d'eau	la flak do
to take someone's pulse	prendre le pouls	pra(n)dr le(r) poo
to pull	tirer	tee-ray
pupil (m)	l'élève (m/f)	lay-lev
puppy	le petit chien	le(r) pe(r)-tee shee-a(n)
purple	violet(te)	vee-o-lay
to purr	ronronner	ro(n)-ron-ay
purse	le portemonnaie	le(r) port-mon-ay
to push	pousser	poo-say
to put	mettre	metr
to put down	déposer	day-poz-ay
to put money in the bank	mettre de l'argent en banque	metr de(r) lar-zha(n) a(n) ba(n)k

Q

a quarter	un quart	a(n) kar
a quarter past 10	dix heures et quart	deez-er ay kar
a quarter to 10	dix heures moins le quart	deez-er mwa(n) le(r) kar
question	la question	la kay-stee-o(n)
to ask a question	poser une question	po-zay ewn kay-stee-o(n)
quiet, calm	calme	kalm
quite	la couette	la koo-et

R

rabbit	le lapin	le(r) la-pa(n)
races, racing	les courses (f)	lay koors
racket	la raquette	la rak-et
radiator	le radiateur	le(r) ra-dee-at-er
radio	la radio	la ra-dee-o
rail car	le wagon	le(r) va-go(n)
railway	le chemin de fer	le(r) she(r)-ma(n) de(r) fair
rain	la pluie	la plew-ee
rainbow	l'arc-en-ciel (m)	lark-a(n)-see-el
raincoat	l'imperméable (m)	la(m)-per-may-abl
raindrop	la goutte de pluie	la goot de(r) plew-ee
to rain	pleuvoir	ple(r)-vwar
It's raining.	Il pleut.	eel ple(r)
rake	le rateau	le(r) ra-to
raspberry	la framboise	la fra(m)-bwaz
raw	cru(e)	krew
razor	le rasoir	le(r) raz-war
to read	lire	leer
to read a book	lire un livre	leer a(n) leevr
to read a story	lire une histoire	leer ewn eest-war
It's ready. (meal)	A table!	a tabl
receipt	le reçu	le(r) re(r)-sew
to receive	recevoir	re(r)-se-vwar
receiver	le récepteur	le(r) ray-sep-ter

reception	la réception	la ray-sep-see-o(n)
recipe	la recette	la re(r)-set
record	le disque	le(r) deesk
record player	le tourne-disque	le(r) toorn-deesk
record shop	le marchand de disques	le(r) mar-sha(n) de(r) deesk
rectangle	le rectangle	le(r) rekt-a(n)gl
red	rouge	roozh
red (for hair color), ginger	roux (rousse)	roo (roos)
red hair	les cheveux roux	lay she(r)-ve(r) roo
reed	le roseau	le(r) roz-o
referee	l'arbitre (m)	lar-beetr
to be related to	être parent(e) de	et-re(r) par-a(n) de(r)
to reserve	réserver	ray-ser-vay
to reserve a room	réserver une chambre	ray-zer-vay ewn sha(m)br
to reserve a seat	réserver une place	ray-zer-vay ewn plas
reserved seat	la place réservée	la plas ray-zer-vay
to rest	se reposer	se(r) re(r)-poz-ay
restaurant	le restaurant	le(r) rest-or-a(n)
to retire	prendre sa retraite	pra(n)dr sa re(r)-trayt
by return mail	par retour du courrier	par re(r)-toor dew koor-ee-ay
return ticket	le billet aller retour	le(r) bee-yay a-lay re(r)-toor
rice	le riz	le(r) ree
to ride a bicycle	aller à bicyclette	a-lay a bee-see-klet
on the right	à droite	a drwat
right side	le côté droit	le(r) ko-tay drwa
the right, right wing	la droite	la drwat
ring	la bague	la bag
to ring	sonner	son-ay
to ring the bell	sonner à la porte	son-ay a la port
ripe	mûr(e)	mewr
river	la rivière	la ree-vee-air
road	la route	la root
to roar	mugir	mew-zheer
robe	le peignoir	pay-nwar
rock	le rocher	le(r) rosh-ay
roll	le petit pain	le(r) pe(r)-tee pa(n)
roof	le toit	le(r) twa
room	la chambre	la sha(m)br
double room	la chambre pour deux personnes	la sha(m)br poor de(r) pair-son
single room	la chambre à un lit	la sha(m)br a a(n) lee
rooster	le coq	le(r) kok
rose	la rose	la roz
to row	ramer	ram-ay
rowing boat	le canot à rames	le(r) kan-o a ram
to rub your eyes	se frotter les yeux	se(r) frot-ay layz ye(r)
rubber boots	les bottes (f) de caoutchouc	lay bot de(r) cow-tshoo
rucksack, backpack	le sac à dos	le(r) sak a do
rude	impoli(e)	a(m)-po-lee
ruler	la règle	la ray-gl
to run	courir	koo-reer
to run a bath	faire couler un bain	fair koo-lay a(n) ba(n)
to run away	s'échapper	say-shap-ay
runway	la piste	la peest
Russia	la Russie	la rew-see

S

English	French	Pronunciation
safety belt	la ceinture de sécurité	la sa(n)-tewr de(r) say-kewr-ee-tay
sailor	le marin	le(r) mar-a(n)
salad	la salade	la sal-ad
salami, French salami	le saucisson	le(r) soo-see-so(n)
salary	le salaire	le(r) sal-air
sale (in shop)	solde (m)	sold
salmon	le saumon	le(r) so-mo(n)
sales representative (m)	le représentant de commerce	le(r) re(r)-pray-za(n)-ta(n) de(r) kom-airs
sales representative (f)	la représentante de commerce	la re(r)-pray-za(n)-tant de(r) kom-airs
salt	le sel	le(r) sel
same	pareil(le)	par-aye
the same age as	le même âge que	le(r) mem azh ke(r)
sand	le sable	le(r) sabl
sandals	les sandales (f)	lay sa(n)-dal
sandcastle	le château de sable	le(r) sha-to de(r) sabl
satchel	le cartable	le(r) kart-abl
Saturday	samedi (m)	sam-dee
saucepan	la casserole	la kas-er-ol
saucer	la soucoupe	la soo-koop
sausage	la saucisse	la so-sees
saw	la scie	la see
to say	dire	deer
scales	la balance	la bal-a(n)s
Scandinavia	la Scandinavie	la ska(n)-deen-avee
scarecrow	l'épouvantail (m)	lay-poov-a(n)-tie
scarf	l'écharpe (f)	lay-sharp
scenery	le décor	le(r) day-kor
high school	le collège	le kol-ezh
at (high) school	au collège	o kol-ezh
nursery school	l'école (f) maternelle	lay-kol ma-tern-el
at nursery school	à la maternelle	a la ma-tern-el
primary school	l'école (f) primaire	lay-kol pree-mair
scissors	les ciseaux (m)	lay seez-o
to score a goal	marquer un but	mar-kay a(n) bew
screwdriver	le tournevis	le(r) toorn-vees
sea	la mer	la mair
sea food	les fruits de mer (m)	lay frwee de(r) mair
seagull	la mouette	la moo-et
to be seasick	avoir le mal de mer	a-vwar le(r) mal de(r) mair
at the seaside	au bord de la mer	o bor de(r) la mair
season	la saison	la say-zo(n)
season ticket	la carte d'abonnement	la kart dab-on-e(r)-ma(n)
seat	la place	la plas
reserved seat	la place réservée	la plas ray-zer-vay
seaweed	l'algue (f)	lalg
second (unit of time)	la seconde	la se(r)-gond
second	deuxième	de(r)-zee-aym
the second (for dates only)	le deux	le(r) de(r)
second class	deuxième classe (f)	de(r)-zee-aym klas
second floor	le deuxième étage	le(r) de(r)-zee-aym ay-tazh
secretary (m/f)	le/la secrétaire	le(r)/la se-kray-tair
See you later.	A tout à l'heure.	a toot a ler
seeds	les graines (f)	lay grayn
to sell	vendre	ve(n)dr
to send	envoyer	a(n)-voy-ay
I am sending (...) separately.	Je t'envoie (...) séparément	zhe(r) te(n) vwa say-par-ay-ma(n)
to send a postcard	envoyer une carte postale	a(n)-voy-ay ewn kart postal
to send a telegram	envoyer un télégramme	a(n)-voy-ay a(n) tay-lay-gram
sentence	la phrase	la fraz
September	septembre	sep-ta(m)br
to serve (a meal)	servir	ser-veer
to serve (in a sport)	servir	ser-veer
service	le service	le(r) ser-vees
Is service included?	Service compris?	ser-vees ko(m)-pree
Service is not included.	Service non-compris.	ser-vees no(n)-ko(m)-pree
to set the table	mettre le couvert	metr le(r) koo-vair
seven	sept	set
seventeen	dix-sept	dees-set
seventy	soixante-dix	swas-a(n)t-dees
to sew	coudre	koodr
shade	l'ombre (f)	lombr
to shake	agiter	a-zhee-tay
to shake hands with	secouer la main à	se(r)-koo-ay la ma(n) a
shallow	peu profond(e)	pe(r) pro-fo(n)
shampoo	le shampooing	le(r) sham-poo-a(n)
shape	la forme	la form
to shave	se raser	se(r) ra-zay
electric shaver	le rasoir électrique	le(r) ra-zwar ay-lek-treek
shaving foam	la crème à raser	la kraym a ra-zay
sheep	le mouton	le(r) moo-to(n)
sheepdog	le chien de berger	le(r) shee-a(n) de(r) ber-zhay
sheet	le drap	le(r) dra
shell	le coquillage	le(r) ko-key-azh
to shine	briller	bree-ay
ship	le navire	le(r) na-veer
shirt	la chemise	la she(r)-meez
shoes	les chaussures (f)	lay sho-sewr
tennis shoes	les tennis (m)	lay ten-ees
shops	les magasins (m)	lay mag-az-a(n)
shop assistant (m)	le vendeur	le(r) va(n)-der
shop assistant (f)	la vendeuse	la va(n)-derz
shopkeeper (m)	le marchand	le(r) mar-sha(n)
shopkeeper (f)	la marchande	la mar-sha(n)d
shop window	la vitrine	la vee-treen
to shop at the market	faire le marché	fair le(r) mar-shay
to go shopping	faire les courses	fair lay koors
shopping bag	le sac à provisions	le(r) sak a pro-vee-zee-o(n)
shopping cart	le chariot	le(r) shar-ee-o
short	court (e)	koor
to be short	être petit(e)	et-re(r) pe(r)-tee
shoulder	l'épaule (f)	lay-pol
to shout	crier	kree-ay
shower	la douche	la doosh
to have a shower	prendre une douche	pra(n)dr ewn doosh
shut	fermé(e)	fer-may
shy	timide	tee-meed
to be sick, vomit	vomir	vom-eer
side	le côté	le(r) ko-tay
to sightsee	visiter	vee-zee-tay
signpost	le poteau indicateur	le(r) po-to a(n)-dee-kat-er

silly	idiot(e)	ee-dee-o
silver	l'argent (m)	lar-zha(n)
made of silver	en argent	a(n) ar-zha(n)
to sing	chanter	sha(n)-tay
to sing out of tune	chanter faux	sha(n)-tay fo
singer (m)	le chanteur	le(r) sha(n)-ter
singer (f)	la chanteuse	la sha(n)-terz
a single room	une chambre à un lit	ewn sha(m)br a a(n) lee
sink	l'évier (m)	lay-vee-ay
sister	la soeur	la ser
to sit by the fire	s'asseoir au coin du feu	sa-swar o kwa(n) dew fe(r)
to sit down	s'asseoir	sa-swar
to be sitting down	être assis(e)	et-re(r) a-see
six	six	sees
sixteen	seize	sayz
sixty	soixante	swas-a(n)t
size	la taille	la ta-ye
What size is this?	C'est quelle taille?	say kel ta-ye
skis	les skis (m)	lay skee
ski boots	les chaussures (f) de ski	lay sho-sewr de(r) skee
ski instructor (m)	le moniteur	le(r) mon-ee-ter
ski instructor (f)	la monitrice	la mon-ee-trees
ski pole	le bâton de ski	le(r) ba-to(n) de(r) skee
ski resort	la station de ski	la sta-see-o(n) de(r) skee
ski slope, ski run	la piste	la peest
to go skiing	faire du ski	fair dew skee
skillful, good with your hands	adroit(e)	a-drwa
skin	la peau	la po
skirt	la jupe	la zhewp
sky	le ciel	le(r) see-el
skyscraper	le gratte-ciel	le(r) grat-see-el
to sleep	dormir	dor-meer
Sleep well.	Dormez-bien.	dor-may bee-a(n)
sleeping-car	le wagon-lit	le(r) wago(n)-lee
sleeping bag	le sac de couchage	le(r) sak de(r) koosh-azh
to be sleepy	avoir sommeil	avwar som-aye
slide	le toboggan	le(r) to-bog-a(n)
slim	mince	ma(n)ce
to slip	glisser	glee-say
slippers	les pantoufles (f)	lay pa(n)-toofl
slope	la pente	la pa(n)t
slow	lent(e)	la(n)
to slow down	ralentir	ra-la(n)-teer
small	petit(e)	pe(r)-tee
small (clothes size)	petit	pe(r)tee
to smile	sourire	soo-reer
smoke	la fumée	la few-may
smoke stack (ship)	la cheminée	la she(r)-mee-nay
snake	le serpent	le(r) sair-pa(n)
to sneeze	éternuer	ay-ter-new-ay
to snore	ronfler	ro(n)-flay
snow	la neige	la nezh
It's snowing.	Il neige.	eel nezh
snowman	le bonhomme de neige	le(r) bon-om de(r) nezh
soaked to the skin	trempé(e) jusqu'aux os	tra(m)-pay zhews-koz-o
soap	le savon	le(r) sa-vo(n)
soccer ball	le ballon (de foot)	le(r) ba-lo(n) de(r) foot
to play soccer	jouer au football	zhoo-ay o foot-bal
society	la société	la so-see-ay-tay

socks	les chaussettes (f)	lay sho-set
sofa	le canapé	le(r) kan-a-pay
soft	doux (douce)	doo (doos)
soil	la terre	la tair
soldier	le soldat	le(r) sol-da
sole	la sole	la sol
someone	quelqu'un	kel-ka(n)
son	le fils	le(r) fees
only son	le fils unique	le(r) fees ew-neek
to sort, to sort out, to arrange	trier	tree-ay
soup	le potage	le(r) pot-azh
south	le sud	le(r) sewd
South America	l'Amérique (f) du Sud	lam-air-eek dew sewd
South Pole	le Pôle Sud	le(r) pol sewd
to sow	semer	se(r)-may
space	l'espace (m)	less-pass
spaceship	l'engin (m) spacial	la(n)-zha(n) spas-ee-al
spade	la bêche	la besh
spade (smaller spade or toy)	la pelle	la pel
Spain	l'Espagne (f)	less-pan-ye
Spanish (language or subject)	l'espagnol (m)	less-pan-yol
sparrow	le moineau	le(r) mwa-no
spelling	l'orthographe (f)	lor-to-graf
to spend money	dépenser de l'argent	day-pa(n)-say de(r) lar-zha(n)
spices	les épices (f)	layz ay-peece
spider	l'araignée (f)	la-rayn-yay
spinach	les épinards (m)	layz-ay-peen-ar
to splash	éclabousser	ay-kla-boo-say
spoon	la cuillère	la kwee-yair
sport	le sport	le(r) spor
sports equipment	l'équipement (m) de sport	lay-keep-ma(n) de(r) spor
sports field	le terrain	le(r) ter-a(n)
spotlight	le projecteur	le(r) prozh-ek-ter
spotted	à pois	a pwa
to sprain your wrist	se fouler le poignet	se(r) foo-lay le(r) pwan-yay
spring	le printemps	le(r) pra(n)-ta(n)
square (shape)	le carré	le(r) kar-ay
square (in a town)	la place	la plas
to play squash	jouer au squash	zhoo-ay o skwash
squirrel	l'écureuil (m)	lay-kew-roye
stable	l'écurie (f)	lay-kewr-ee
stage (theatre)	la scène	la sayn
staircase, stairs	l'escalier (m)	lay-skal-ee-ay
stamp	le timbre	le(r) ta(m)br
to stand up	se lever	se(r) le(r)-vay
to be standing	être debout	et-re(r) de(r)-boo
star	l'étoile (f)	lay-twal
to start off (in vehicle)	démarrer	day-mar-ay
starter (meal)	l'entrée (f)	la(n)-tray
station	la gare	la gar
statue	la statue	la stat-ew
to stay in a hotel	rester à l'hôtel	ray-stay a lo-tel
steak	le biftek	le(r) beef-tek
to steal	voler	vo-lay
steep	escarpé(e)	ay-skar-pay
steering wheel	le volant	le(r) vol-a(n)
stewardess	l'hôtesse (f) de l'air	lo-tess de(r) lair
to stick	coller	ko-lay
to sting	piquer	pee-kay
stomach	l'estomac (m)	less-tom-a

to have stomach ache	avoir mal au ventre	a-vwar mal o va(n)tr
story	l'histoire (f)	lees-twar
stove	le réchaud	le(r) ray-sho
straight (for hair)	raide	rayd
straight hair	les cheveux raides	lay she(r)-ve(r) rayd
to go straight on	aller tout droit	a-lay too drwa
strawberry	la fraise	la frayz
stream	le ruisseau	le(r) rwee-so
street	la rue	la rew
street light	le réverbère	le(r) ray-vairb-air
side street	la rue	la rew
one way street	le sens unique	le(r) sa(n)s ew-neek
to stretch	s'étirer	say-tee-ray
stretcher	le brancard	le(r) bra(n)-kar
striped	à rayures	a ray-yewr
stroller	la poussette	la poo-set
strong	fort(e)	for
student (m)	l'étudiant (m)	lay-tew-dee-a(n)
student (f)	l'étudiante (f)	lay-tew-dee-aunt
to study	étudier	ay-tew-dee-ay
subject (of study)	la matière	la ma-tee-air
to subtract	soustraire	soo-strair
suburb	la banlieue	la ba(n)-lee-ye(r)
subway	le passage souterrain	le(r) pass-azh soo-ter-a(n)
subway	le métro	le(r) may-tro
subway station	la station de métro	la sta-see-o(n) de(r) may-tro
sugar	le sucre	le(r) sewkr
suitcase	la valise	la val-eez
summer	l'été (f)	lay-tay
summit	le sommet	le(r) som-ay
sun	le soleil	le(r) sol-aye
The sun is shining.	Le soleil brille.	le(r) sol-aye bree-ye
to sunbathe	se bronzer	se(r) bro(n)-zay
Sunday	dimanche (m)	dee-ma(n)sh
sunglasses	les lunettes (f) de soleil	lay lewn-et de(r) sol-aye
sunrise	le lever du soleil	le(r) le(r)-vay dew sol-aye
sunset	le coucher du soleil	le(r) koo-shay dew sol-aye
sunshade	le parasol	le(r) pa-ra-sol
suntan lotion	la crème solaire	la kraym sol-air
supermarket	le supermarché	le(r) sew-pair-mar-shay
to go to the supermarket	aller au supermarché	a-lay o sew-pair-mar-shay
supper	le dîner	le(r) dee-nay
surgeon (m/f)	le chirurgien	le(r) sheer-ewr-zhee-a(n)
surname	le nom de famille	le(r) no(m) de(r) fa-mee-ye
to sweat	transpirer	tra(n)s-peeray
sweater	le pullover	le(r) pewl-over
sweet, charming	mignon(ne)	meen-yo(n)
sweet (sugary)	sucré(e)	sew-kray
sweet-smelling	parfumé(e)	par-fewm-ay
to swim	nager	na-zhay
to swim, to have a swim	se baigner	se(r) bayn-yay
swimming pool	la piscine	la pee-seen
swing	la balançoire	la ba-la(n)-swar
to switch the light off	éteindre	ay-ta(n)dr
to switch the light on	allumer	a-lewm-ay
Switzerland	la Suisse	la swees

T

table	la table	la tabl
bedside table	la table de chevet	la tabl de(r) she(r)-vay
tablecloth	la nappe	la nap
tail	la queue	la ke(r)
to take	prendre	pra(n)dr
to take the bus	prendre l'autobus	pra(n)dr lo-to-bews
to take a photograph	prendre une photo	pra(n)dr ewn fo-to
to take an exam	passer un examen	pa-say a(n) e-xam-a(n)
to take someone's pulse	prendre le pouls	pra(n)dr le(r) poo
to take someone's temperature	prendre la température	pra(n)dr la ta(m)-pay-ra-tewr
to take off	décoller	day-kol-ay
to take out ,to draw	retirer	re(r)-teer-ay
to take money out	retirer de l'argent	re(r)-teer-ay de(r) lar-zha(n)
to be tall	être grand(e)	et-re(r) gra(n)
tame	apprivoisé(e)	a-pree-vwa-zay
tanned	bronzé(e)	bro(n)-zay
tap	le robinet	le(r) rob-ee-nay
to tap your feet	taper du pied	ta-pay dew pee-ay
tart	la tarte	la tart
taste, flavor	le goût	le(r) goo
to taste, to try	goûter	goo-tay
It tastes good.	C'est très bon.	say tray bo(n)
taxes	les impôts (m)	layz a(m)po
taxi	le taxi	le(r) taksee
to hail a taxi	appeler un taxi	a-pel-ay a(n) taksee
taxi-driver (m/f)	le chauffeur de taxi	le(r) sho-fer de(r) taksee
taxi stand	la station de taxis	la sta-see-o(n) de(r) taksee
tea	le thé	le(r) tay
tea towel	le torchon	le(r) tor-sho(n)
to teach	enseigner	a(n)-sayn-yay
teacher (m/f)	le professeur	le(r) prof-ay-sir
team	l'équipe (f)	lay-keep
teapot	la théière	la tay-yair
to tear	déchirer	day-sheer-ay
telegram	le télégramme	le(r) tay-lay-gram
telephone	le téléphone	le(r) tay-lay-fon
telephone area code	l'indicatif (m)	la(n)-dee-kat-eef
telephone box	la cabine téléphonique	la ka-been tay-lay-fon-eek
telephone directory	l'annuaire (m)	la-new-air
telephone number	le numéro de téléphone	le(r) new-mair-o de(r) tay-lay-fon
to answer the telephone	répondre au téléphone	ray-po(n)-dro tay-lay-fon
to make a phone call, to dial	composer le numéro	kom-po-zay le(r) new-mair-o
telescope	le télescope	le(r) tay-lay-skop
television	la télévision	la tay-lay-vee-zee-o(n)
to have a temperature	avoir de la fièvre	a-vwar de(r) la fee-yaivr
to take someone's temperature	prendre la température	pra(n)dr la ta(m)-pay-ra-tewr

125

English	French	Pronunciation
ten	dix	dees
tenant (m/f)	le/la locataire	le(r)/la lok-a-tair
tennis	le tennis	le(r) tay-nees
tennis court	le court de tennis	le(r) koor de(r) tay-nees
tennis shoes	les tennis (m)	lay tay-nees
to play tennis	jouer au tennis	zhoo-ay o tay-nees
tent	la tente	la ta(n)t
term	le trimestre	le(r) tree-mestr
to thank	remercier	re-mair-see-yay
Thank you for your letter of…	Je vous remercie de votre lettre du…	zhe(r) voo re(r)-mair-see de(r) votr letr dew
Thank you very much.	Merci beaucoup.	mair-see bo-koo
That will be/cost…	Ça fait…	sa fay
to thaw	fondre	fo(n)dr
theatre	le théâtre	le(r) tay-atre(r)
thermometer	le thermomètre	le(r) tair-mo-mayt-re(r)
thin	maigre	may-gre(r)
Thinking of you.	Je pense bien à toi.	zhe(r) pa(n)s bee-an-a twa
third	troisième	trwa-zee-em
a third	un tiers	a(n) tee-air
the third (for dates only)	le trois	le(r) trwa
thirteen	treize	trayz
thirty	trente	tra(n)t
to be thirsty	avoir soif	avwar swaf
this evening	ce soir	se(r) swar
this morning	ce matin	se(r) ma-ta(n)
a thousand	mille	meel
thread	le fil	le(r) feel
three	trois	trwa
three quarters	les trois quarts	lay trwa kar
through	à travers	a tra-ver
to throw	lancer	la(n)-say
thrush	la grive	la greev
thumb	le pouce	le(r) poos
thunder	le tonnerre	le(r) ton-air
thunder storm	l'orage (m)	lor-azh
Thursday	jeudi (m)	zhe(r)-dee
ticket	le billet	le(r) bee-yay
airline ticket	le billet d'avion	le(r) bee-yay da-vee-o(n)
platform ticket	le ticket de quai	le(r) tee-kay de(r) kay
return ticket	le billet aller retour	le(r) bee-yay a-lay re(r)-toor
season ticket	la carte d'abonnement	la kart da-bon-e(r)-ma(n)
ticket collector (m)	le contrôleur	le(r) ko(n)-trol-er
ticket collector (f)	la contrôleuse	la ko(n)-trol-erz
ticket machine	le distributeur automatique	le(r) dee-streeb-ew-ter oto-ma-teek
ticket office	le guichet	le(r) gee-shay
to tidy up	ranger ses affaires	ra(n)-zhay sayza-fair
tie	la cravate	la krav-at
tiger	le tigre	le(r) tee-gr
tight	serré(e)	say-ray
tights	les collants (m)	lay col-a(n)
time	le temps	le(r) ta(n)
on time	à l'heure	a ler
to be on time	arriver à l'heure	a-ree-vay a ler
What time is it?	Quelle heure est-il?	kel er ay-teel
times (math)	fois	fwa
timetable (for transport)	l'horaire (f)	lor-air
timetable (studies or work)	l'emploi du temps	ia(m)-plwa dew ta(m)
tiny	minuscule	mee-new-skewl
tip	le pourboire	le(r) poor-bwar
tire	le pneu	le(r) pne(r)
to have a flat tire	avoir un pneu crevé	avwar a(n) pne(r) cre(r)-vay
to, towards	vers	vair
toboggan	la luge	la lewzh
today	aujourd'hui	o-zhoor-dwee
toe	le doigt de pied	le(r) dwa de(r) pee-ay
together	ensemble	a(n)-sa(m)bl
toilet	les toilettes (f)	lay twa-let
tomato	la tomate	la tom-at
tomorrow	demain	de(r)-ma(n)
tomorrow evening	demain soir	de(r)-ma(n) swar
tomorrow morning	demain matin	de(r)-ma(n) ma-ta(n)
tongue	la langue	la la(n)g
tooth	la dent	la da(n)
to have toothache	avoir mal aux dents	avwar mal o da(n)
toothbrush	la brosse à dents	la bros a da(n)
toothpaste	le dentifrice	le(r) da(n)-tee-frees
to touch	toucher	too-shay
tour bus	l'autocar (m)	lot-o-car
tourist (m/f)	le/la touriste	le(r)/la too-reest
towel	la serviette	la ser-vee-et
town	la ville	la veel
town hall	l'hôtel (m) de ville	lo-tel de(r) veel
town square	le centre-ville	le(r) sa(n)-tre(r) veel
toy	le jouet	le(r) zhoo-ay
track	la voie	la vwa
tracksuit	le survêtement	le(r) sewr-vet-ma(n)
tractor	le tracteur	le(r) trak-ter
trade union	le syndicat	le(r) sa(n)-dee-ka
traffic	la circulation	la seer-kewl-a-see-o(n)
traffic jam	l'embouteillage (m)	la(m)-boo-taye-azh
traffic lights	les feux (m)	lay fe(r)
train	le train	le(r) tra(n)
The train from…	Le train en provenance de…	le(r) tra(n) a(n) pro-ve(r)-na(n)s de(r)
The train to…	Le train à destination de…	le(r) tra(n) a des-tee-na-see-o(n) de(r)
freight train	le train de marchandises	le(r) tra(n) de(r) mar-sha(n)-deez
inter-city train	le rapide	le(r) ra-peed
trash can	la boîte a ordures	la bwat a or-dewr
to travel by boat, to sail	aller en bateau	a-lay o(n) ba-to
traveller (m)	le voyageur	le(r) vwa-yazh-er
traveller (f)	la voyageuse	la vwa-yazh-erz
tray	le plateau	le(r) pla-to
tree	l'arbre (m)	larbr
triangle	le triangle	le(r) tree-a(n)gl
trousers	le pantalon	le(r) pa(n)-tal-o(n)
trout	la truite	la trweet
trowel	la truelle	la trew-el
truck	le camion	le(r) kam-ee-o(n)
truck driver (m/f)	le routier	le(r) roo-tee-ay
true	vrai(e)	vray
trumpet	la trompette	la trom-pet
to play the trumpet	jouer de la trompette	zhoo-ay de(r) la trom-pet
trunk (elephant's)	la trompe	la tromp
trunk (of car)	le coffre	le(r) cofr
T-shirt	le tee-shirt	le(r) tee-shirt

126

English	French	Pronunciation
Tuesday	mardi (m)	mar-dee
Tuesday the second of June	le mardi deux juin	le(r) mar-dee de(r) zhwa(n)
tulip	la tulipe	la tew-leep
tune	l'air (m)	lair
to turn	tourner	toorn-ay
to turn left	tourner à gauche	toorn-ay a gosh
to turn right	tourner à droite	toorn-ay a drwat
turtle	la tortue	la tor-tew
tusk	la défense	la day-fa(n)s
twelve	douze	dooz
twenty	vingt	va(n)
twin brother	le jumeau	le(r) zhew-mo
twin sister	la jumelle	la zhew-mel
twins, twin brothers	les jumeaux (m)	lay zhew-mo
two	deux	de(r)

U

English	French	Pronunciation
umbrella	le parapluie	le(r) para-plwee
uncle	l'oncle (m)	lo(n)kl
under	sous	soo
underpants (men's)	le caleçon	le(r) kal-so(n)
underpants (boys')	la culotte	la kew-lot
undershirt	la chemise de corps	la she(r)-meez de(r) kor
to get undressed	se déshabiller	se(r) day-za-bee-yay
unemployment	le chômage	le(r) sho-mazh
United States	les Etats-Unis (m)	layz ay-ta zew-nee
universe	l'univers (m)	lewn-ee-vair
to unload	décharger	day-shar-zhay
up	en haut	a(n) o
to get up	se lever	se(r) le(r)-vay
upstairs	en haut	a(n) o
to go upstairs	monter l'escalier	mo(n)-tay less-ka-lee-ay
Urgent message stop phone home stop	Message urgent stop appelle maison	may-sazh ewr-zha(n) stop a-pel may-zo(n)
useful	utile	ew-teel
usherette	l'ouvreuse (f)	loovr-erz

V

English	French	Pronunciation
vacation	les vacances (f)	lay vak-a(n)s
to go on vacation	aller en vacances	a-lay o(n) vak-a(n)s
to vacuum	passer l'aspirateur	pa-say la-speer-a-ter
valley	la vallée	la va-lay
van	la camionnette	la cam-ee-o-net
VCR (video cassette recorder)	le magnétoscope	le(r) man-yet-o-skop
veal	le veau	le(r) vo
vegetable patch	le jardin potager	le zhar-da(n) po-tazh-ay
vegetables	les légumes (m)	lay lay-gewm
Very well, thank you. (Answer to "How are you?")	Très bien, merci.	tray bee-a(n) mair-see
vicar	le curé	le(r) kew-ray
video camera	la caméra	la kam-ay-ra

English	French	Pronunciation
view	la vue	la vew
village	le village	le(r) vee-lazh
vine	la vigne	la veen-ye
vinegar	le vinaigre	le(r) vee-nay-gr
vineyard	le vignoble	le(r) veen-yobl
violin	le violon	le(r) vee-o-lo(n)
to play the violin	jouer du violon	zhoo-ay dew vee-o-lo(n)
volume	le volume	le(r) vol-ewm
vomit	vomir	vo-meer
to vote	voter	vo-tay

W

English	French	Pronunciation
to wag its tail	remuer la queue	re(r)-mew-ay la ke(r)
to wait for	attendre	a-ta(n)dr
waiter (m)	le garçon	le(r) gar-so(n)
waiting-room	la salle d'attente	la sal da-ta(n)t
waitress	la serveuse	la ser-verz
to wake up	se réveiller	se(r) ray-vay-yay
walk	la promenade	la pro-me(r)-nad
to go for a walk	faire une promenade	fair ewn pro-me(r)-nad
to walk	marcher	mar-shay
to walk, to go on foot	aller à pied	a-lay a pee-ay
to walk barefoot	marcher pieds nus	mar-shay pee-ay new
to take the dog for a walk	promener le chien	pro-me(r)-nay le(r) shee-a(n)
wall	le mur	le(r) mewr
wall-to-wall carpet	la moquette	la mok-et
wallet	le portefeuille	le(r) port-fe(r)-ye
to wash, to have a wash	faire sa toilette	fair sa twa-let
to wash your hair	se laver les cheveux	se(r) la-vay lay she(r)-ve(r)
washcloth	le gant de toilette	le(r) ga(n) de(r) twa-let
the washing	la lessive	la lay-seev
washing machine	la machine à laver	la ma-sheen a la-vay
to do the washing	faire la lessive	fair la lay-seev
wasp	la guêpe	la gayp
waste basket	la boîte à ordures	la bwat a or-dewr
to watch television	regarder la télévision	re(r)-gar-day la tay-lay-vee-zee-o(n)
watch	la montre	la mo(n)tr
water	l'eau (f)	lo
mineral water	l'eau (f) minérale	lo mee-nay-ral
watering can	l'arrosoir (m)	la-roz-war
to waterski	faire du ski nautique	fair dew skee no-tik
wave	la vague	la vag
way, path	le chemin	le(r) she(r)-ma(n)
to ask the way	demander le chemin	de(r)-ma(n)-day le(r) she(r)-ma(n)
Which way is...?	Pour aller à...?	poor a-lay a
weak	faible	faybl
to wear	porter	por-tay
to wear glasses	porter des lunettes	por-tay day lew-net
weather	le temps	le(r) ta(m)
weather forecast	la météo	la may-tay-o
What is the weather like?	Quel temps fait-il?	kel ta(n) fay-teel

wedding	les noces (f)	lay nos
wedding ring	l'alliance (f)	la-lee-a(n)s
Wednesday	mercredi (m)	mair-kre(r)-dee
weed	la mauvaise herbe	la mo-vayz airb
to weed	désherber	dayz-airb-ay
week	la semaine	la se(r)-mayn
week-end	le week-end	le(r) week-end
weeping willow	le saule pleureur	le(r) sole pler-er
to weigh	peser	pe(r)-zay
to weigh yourself	se peser	se(r) pe(r)-zay
weight	le poids	le(r) pwa
well	bien	bee-a(n)
to have eaten well	avoir bien mangé	avwar bee-a(n) ma(n)-zhay
Very well, thank you. (answer to "How are you?")	Très bien, merci.	tray bee-a(n) mair-see
west	l'ouest (m)	loo-est
What is the weather like?	Quel temps fait-il?	kel ta(m) fay-teel
What size is this?	C'est quelle taille?	say kel tie-ye
What time is it?	Quelle heure est-il?	kel er ay-teel
What's your name?	Comment t'appelles-tu?	koma(n) ta-pel tew
What would you like?	Que désirez-vous?	ke(r) day-zee-ray voo
wheat	le blé	le(r) blay
wheel	la roue	la roo
wheelbarrow	la brouette	la broo-et
Which way is...?	Pour aller à...?	poor a-lay a
to whisper	chuchoter	shew-shot-ay
white	blanc (blanche)	bla(n) (bla(n)sh)
Who's speaking? (on telephone)	Qui est à l'appareil?	kee ay ta la-par-aye
width	la largeur	la lar-zher
wife	la femme	la fam
wild	sauvage	so-vazh
wild flowers	les fleurs (f) sauvages	lay fler so-vazh
to win	gagner	gan-yay
wind	le vent	le(r) va(n)
window	la fenêtre	la fe-netr
to go window-shopping	faire du lèche-vitrines	fair dew lesh vee-treen
window display, shop window	la vitrine	la vee-treen
windshield	le pare-brise	le(r) par-breez
to windsurf	faire de la planche à voile	fair de(r) la pla(n)sh a vwal
It's windy.	Il fait du vent.	eel fay dew va(n)
wine	le vin	le(r) va(n)
wing	l'aile (f)	lay-l
winter	l'hiver (m)	lee-vair
to wipe	essuyer	ay-swee-yay
with	avec	a-vek
with balcony	avec balcon	a-vek bal-ko(n)
with bathroom	avec salle de bain	a-vek sal de(r) ba(n)
without	sans	sa(n)
woman	la femme	la fam
wood	le bois	le(r) bwa
wooden, made of wood	en bois	a(n) bwa
woodwork	la menuiserie	la men-wee-ze(r)-ee
woollen	en laine	a(n) lane
word	le mot	le(r) mo
to work	travailler	tra-vie-yay
to go to work	aller travailler	a-lay tra-vie-yay
worker (m)	l'ouvrier (m)	loo-vree-yay
worker (f)	l'ouvrière (f)	loo-vree-yair
world	le monde	le(r) mond
I would like...	Je voudrais...	zhe(r) voo-dray
wrapping	l'emballage (m)	la(m)-bal-azh
to write	écrire	ay-kreer
to write a check	faire un chèque	fair a(n) shek
to write a letter	écrire une lettre	ay-kreer ewn letr
wrist	le poignet	le(r) pwan-yay
writing paper	le papier à lettres	le(r) pa-pee-ay a letr

Y

yarn	la laine	la lane
to yawn	bâiller	ba-yay
year	l'année (f)	la-nay
yellow	jaune	zhon
yes	oui	wee
yesterday	hier	ee-yer
yesterday evening	hier soir	ee-yer swar
yesterday morning	hier matin	ee-yer ma-ta(n)
yogurt	le yaourt	le(r) ya-oort
young	jeune	zhe(r)n
younger than	plus jeune que	plew zhe(r)n ke(r)
Yours faithfully,	Je vous prie de croire, Monsieur/ Madame, à mes sentiments les meilleurs.	zhe(r) voo pree de(r) krwar me(r)s-ye(r)/ma-dam a may sa(n)tee-ma(n) lay may-yer

Z

zebra	le zèbre	le(r) zay-br
zero	zéro	zay-ro
zip code	le code postal	le(r) kod pos-tal
zipper	la fermeture éclair	la fer-me(r)-tewr ay-klair
zoo	le zoo	le(r) zo
zoo keeper (m)	le gardien de zoo	le(r) gar-dee-a(n) de(r) zo
zoo keeper (f)	la gardienne de zoo	la gar-dee-en de(r) zo

First published in 1988 by Usborne Publishing Ltd, 83-85 Saffron Hill, London EC1N 8RT, England. www.usborne.com Copyright © 2009, 2002, 1988 Usborne Publishing Ltd.